V&R

Horst Heinemann (Hg.)

Die Erzählgeschichten zur Hosentaschenbibel

Vandenhoeck & Ruprecht

Bibliografische Information der Deutschen Bibliothek

Die Deutsche Bibliothek verzeichnet diese Publikation in der
Deutschen Nationalbibliografie; detaillierte bibliografische Daten sind
im Internet über <http://dnb.ddb.de> abrufbar.

ISBN 3-525-60418-1

Umschlaggestaltung: Rudolf Stöbener

Umschlagabbildung:
Gabriele Hafermaas, *Die Arche Noah*, in: Horst Heinemann (Hg.),
Hosentaschenbibel, Vandenhoeck & Ruprecht 2004, Nr. 2.

Printed in Germany.
Satz: Weckner Fotosatz GmbH | media+print, Göttingen
Druck und Bindung: Hubert & Co., Göttingen

Gedruckt auf alterungsbeständigem Papier.

Inhalt

Neues Testament

Die Geschichten zur Hosentaschenbibel

In den überlieferten Geschichten der Bibel gründet sich nicht nur der christliche Glaube, sondern sie sind eine der wichtigsten Grundlagen unserer abendländischen Kultur und Gesellschaft. Sie erzählen von den Erfahrungen, die Generationen vor uns mit Gott und der Welt gemacht haben und können so helfen, sich selbst und sein Leben in der Welt besser zu verstehen.

Deshalb lohnt es sich auch, diese Geschichten der nächsten Generation und besonders den Kindern in der Zuversicht weiterzugeben, dass auch sie durch diese Überlieferung Anregungen und Perspektiven für das eigenes Leben finden werden.

Da die biblischen Geschichten vor langer Zeit entstanden sind und in Vielem eine andere Welt spiegeln, fällt es Menschen in unserer Zeit oft schwer, einen eigenen Zugang zu finden.

Um dies zu erleichtern, haben Religionspädagoginnen und Religionspädagogen die biblischen Geschichten der *Hosentaschenbibel* für heutige Leser neu erzählt, um sie so mit der biblischen Überlieferung vertraut zu machen. Vielleicht fällt es so auch leichter, die Texte, die die Bibel überliefert, besser zu verstehen und dem Kinderwunsch: »Erzähl mir doch mal die Geschichte zu diesem Bild!« nachzukommen.

Doch die Geschichten dieses Buches sollten nicht vorgelesen werden. Sie sind als Hintergrund für das Erzählen von Eltern, und Großeltern, Geschwister, Onkel und Tanten – oder wer immer Kindern biblische Geschichten erzählen möchte – gedacht. Denn Erzählerinnen oder Erzähler können eine Geschichte um so glaubhafter weitererzählen, je mehr es die eigene Geschichte ist und sie selbst von einer Geschichte überzeugt, ja vielleicht begeistert sind. Diesen Zugang wollen dieses Buch und seine Geschichten öffnen.

Kassel im April 2004   *Horst Heinemann*

1 Gottes Garten
1. Mose 2-3

Am Rand der großen Wüste wohnten Lea, Ben und Ari mit Eltern und Großmutter in einem großen schwarzen Nomadenzelt. Vorhänge teilten das Zelt in mehrere Räume. In der Mitten lag ein bunter Teppich. Dort traf sich die ganze Familie zum Abendessen. Dann besprach sie, was am Tag geschehen war, oder Geschichten wurden erzählt. Gil der Hütehund, Afek der Esel, eine kleine Ziegen- und Schafherde und ein paar Hühner gehörten auch zur Familie.

Die Wüste ist heiß und trocken. Ganz selten regnet es. Dann aber wachsen Gräser und Blumen, die aber schon bald wieder verdorren. Zurück bleiben trockene Halme und dürre Blätter als Futter für die Tiere. Aufgabe der Nomadenkinder ist es, tagsüber auf die Herde der Familie aufzupassen.

Deshalb brachen Lea, Ben und Ari schon früh am Morgen mit den Tieren auf und kamen erst kurz vor Sonnenuntergang zum Zelt zurück. Da Ziegen und Schafe in der Wüste nur wenig Futter finden, bleiben Nomaden nie lange an einem Ort. Wenn alle Gräser und Halme abgefressen sind, bauen sie ihr Zelt ab, laden alles auf den Esel und wandern weiter bis zu einem Platz, wo die Tiere wieder Futter und sie einen Brunnen finden, um Wasser zu schöpfen.

Jeden Abend nach dem Essen durfte sich ein Kind eine Gute-Nacht-Geschichte wünschen. Als Ari an der Reihe war, sagt er:»Großmutter, erzähl noch einmal die Geschichte von dem schönen Garten Gottes und wie es gekommen ist, dass wir in der Wüste leben müssen«. Da begann die Großmutter zu erzählen:»Als ich ein kleines Mädchen war, hat meine Großmutter von Gottes Garten so erzählt:«

Es war ganz am Anfang, als Gott der HERR Himmel und Erde machte. Damals war die ganze Erde eine einzige Wüste, und es gab noch nichts von alledem, was wir heute kennen. Es gab weder Bäume noch Sträucher noch irgendwelches Kraut oder Gemüse, denn Gott der HERR hatte es noch nicht regnen lassen. Und es gab ja auch noch keine Menschen, die den Acker hätten bebauen können, so dass etwas Essbares gewachsen wäre. Da stieg ein Nebel auf von der Erde und befeuchtete alles Land. So wurde aus dem Staub der Wüste fruchtbares Ackerland. Und Gott der HERR machte den Menschen aus Erde und nannte ihn Adam. Er formte ihn wie ein Töpfer und gab ihm seine Gestalt. Dann blies Gott der HERR dem Menschen den Atem des Lebens ein. So wurde der Mensch zu einem lebendigen Wesen.

Und Gott der HERR pflanzte einen Garten für den Menschen, das Paradies. Darin wuchsen Bäume mit duftenden Blüten und leckeren Früchten. Die waren verlockend anzusehen und schmeckten herrlich. Mitten im Garten aber wuchsen zwei besondere Bäume: der Baum des Lebens und der Baum der Erkenntnis des Guten und des Bösen. Adam sollte den Garten bebauen und bewahren. Aber Gott sagte zu Adam: »Von allen Bäumen im Garten darfst du essen. Nur vom Baum der Erkenntnis des Guten und Bösen sollst du nicht essen. Wenn du das tust, musst du sterben.«

Als Gott der HERR sah, dass sich Adam in dem schönen Garten, den er für ihn gepflanzt hatte, einsam und allein fühlte, dachte er: »Es ist nicht gut, dass der Mensch allein ist, ich will ihm eine Gefährtin schenken, die bei ihm ist.«

Und Gott machte die Tiere auf den Feldern und die Vögel am Himmel und brachte sie zu Adam. Sie sollten um ihn sein, und er sollte ihnen einen Namen geben. Adam freute sich sehr über die Tiere, gab ihnen Namen und hatte sie gern. Trotzdem fühlte er sich einsam und allein, denn keins der Tiere war eine richtige Gefährtin, mit der er sein Leben hätte teilen können.

Gott ließ Adam in einen tiefen Schlaf fallen, nahm ein Stück von seiner Rippe, machte aus seinem Fleisch eine Frau für ihn, Eva, und brachte sie zu ihm. Als Adam Eva sah, konnte er sein Glück kaum fassen, so schön fand er sie. »Das ist Fleisch von meinem Fleisch«, jubelte Adam. »Das ist die Frau, nach der ich mich gesehnt habe.« Und Adam und Eva hatten sich sehr lieb und lebten glücklich miteinander in Gottes Garten. Obwohl sie beide nackt waren, schämten sie sich nicht.

Im Garten lebte jedoch auch die Schlange. Sie war listiger als alle anderen Tiere. Eines Tages sprach sie zu Eva: »Sollte Gott wirklich gesagt haben: ›Ihr dürft nicht von den Früchten der Bäume im Garten essen?‹« »Nein«, antwortete Eva, »hat er nicht. Nur von den Früchten des Baums in der Mitte des Gartens hat Gott gesagt: ›Esst nicht davon, sonst müsst ihr sterben.‹«

»Unsinn«, sagte die Schlange zu Eva, »ihr werdet keinesfalls sterben. Im Gegenteil, Gott weiß, wenn ihr davon esst, werden eure Augen aufgetan. Ihr werdet sein wie Gott und wissen, was gut und böse ist.« Was die Schlange sagte, hörte sich so gut an, dass Eva nicht länger widerstehen konnte. Die Früchte des Baumes in der Mitte des Gartens sahen so lecker aus und waren allzu verlockend. Hatte die Schlange nicht gesagt, die Früchte würden klug machen? Schnell pflückte Eva sich ein paar, aß sie und gab auch Adam davon, und der aß sie auch. Da wurden Adam und Eva die Augen aufgetan, und sie merkten, dass sie nackt waren. Plötzlich schämten sie sich voreinander. Deshalb machten sie sich Schurze aus Feigenblättern.

Am Abend kam Gott in den Garten. Adam und Eva aber versteckten sich. Da rief Gott: »Adam, wo bist du?« Adam antwortete: »Ich verstecke mich, weil ich nackt bin!« »Wer hat dir gesagt, dass du nackt bist?«, fragte Gott den Menschen: »Hast du etwa von dem Baum gegessen, von dem ich zu essen verboten habe?« Die Frau, die du mir gegeben hast«, antwortete Adam, »hat mir von dem Baum gegeben. Und ich habe davon gegessen.« Und Gott sprach zu Eva: »Warum hast du das getan?« Eva sagte: »Die Schlange hat mich betrogen, deshalb habe ich gegessen.« So schob einer die Schuld auf den anderen.

Da schickte Gott die Menschen fort von sich, und sie durften nicht länger in dem Paradiesgarten bleiben, den er für sie gepflanzt hatte und wo sie ihm ganz nahe gewesen waren. Getrennt von Gott mussten Adam und Eva nun mühsam für ihr tägliches Brot arbeiten. Dornen und Disteln wuchsen auf dem Acker, den Adam bebaute. Und Eva hatte Mühe und Sorgen mit den Kindern.

»Deshalb leben wir also nicht mehr in dem schönen Paradiesgarten und müssen uns so plagen«, meinte Lea zur Großmutter. »Wird das denn nie mehr anders werden?«, wollte Ben wissen. »Viele Menschen«, antwortete Großmutter, »hoffen, dass Gott eines Tages einen Retter schickt, der uns mit dem Vater im Himmel versöhnt!«

2 | Kain und Abel
1. Mose 4

Könnt Ihr erkennen, was auf dem Bild zu sehen ist? Zwei Menschen: Einer, der in der Mitte des Bildes steht, die Augen zum Himmel gerichtet und in der rechten Hand eine große Hacke. Und dann der andere, links, vor den Schafen, am Boden. Der steht nicht wieder auf; er ist tot.

Es sind zwei Brüder, die dieses Bild zeigt. Der eine, der in der Mitte, heißt Kain, der andere, der links liegt und tot ist, heißt Abel. Kain und Abel, zwei Brüder.

In der Bibel kommt es des öfteren vor, dass von Schwestern oder Brüdern erzählt wird: Es gibt Maria und Marta (Lukas 10,38-42). Und als Jesus ihr Haus betritt, weicht Maria nicht von seiner Seite und hört jedes Wort, das er spricht. Marta dagegen ist in der Küche und macht die Arbeit. Klar, dass es zwischen den beiden Schwestern Streit gibt.

Die Geschichte vom »verlorenen Sohn« (Lukas 15,11-32) handelt von zwei Brüdern; einer geht in die Welt hinaus, der andere bleibt zu Hause. Auch hier ist klar, dass es zwischen den Brüdern Streit geben wird.

Auch auf unserem Bild sind wieder zwei Brüder zu sehen; auch sie hatten eine Auseinandersetzung. Aber in diesem Fall ging der Streit nicht gut aus; er endete tödlich. Der eine erschlug den anderen. Kain ermordete Abel, seinen Bruder. Ich will euch erzählen, wie es dazu kam.

Kain war der Ältere, der Zuerstgeborene, von Beruf ein Ackermann, ein Bauer, der seine Felder bestellte, der im Frühjahr säte und im Herbst erntete, der von morgens bis abends schuftete und doch nicht reich wurde. Landwirtschaft, das lohnte sich für ihn nicht. Kain war nicht besonders erfolgreich. Abel war der jüngere der beiden Brüder, der Zweitgeborene, von Beruf ein Schäfer, der mit seinen Herden herumzog, wie ein Nomade, heute hier und morgen da – aber alles in allem eine Tätigkeit, die sich lohnte, denn: Abel hatte Erfolg.

So ähnlich, wie das auch heute noch beim »Erntedankfest« ist, wenn die herbstlichen Früchte in der Kirche vor dem Altar aufgebaut werden, so muss es auch damals gewesen sein: Man »opferte«. Das heißt, etwas vom Ertrag der eigenen Arbeit wurde abgegeben, eine Art Dank. Auch Kain und Abel sind dankbar. Kain gibt von den Früchten des Feldes und Abel gibt die besten Tiere seiner Herden her. Soweit ist alles in Ordnung. Und dann fällt Kain plötzlich etwas ein; er erinnert sich, wie viel er zu arbeiten hatte und dass die Ernte schlecht war und wie sehr die Preise zu Boden gegangen waren. Und wenn er dabei an Abel dachte, den kleinen Bruder, den Zweitgeborenen, den mit der »goldenen Hand«, dem alles glückte: Neidisch auf ihn war er schon lange, jetzt ergriff ihn der Zorn und die Wut. Was sich anbahnt, ist eine Katastrophe.

Noch könnte die Katastrophe verhindert werden, noch könnte Kain zurück: »Du musst deinen Neid und deinen Hass beherrschen, sonst gewinnen sie die Herrschaft über dich – dann aber kann auch ich nichts mehr für dich tun.« So etwas kommt immer wieder vor: Einer will einem anderen helfen, aber seine Ratschläge treffen auf verschlossene Ohren, alles vergeblich, der andere lässt sich nicht helfen. So auch in unserer Geschichte. Kain ist unbelehrbar. Aber er hat einen Plan.

Kain fordert den Bruder auf, mit ihm hinaus auf das Feld zu gehen. Dort ist niemand, der zu Hilfe kommen könnte; niemand, der zum Zeugen der Tat werden könnte, die jetzt der Bruder an dem Bruder begeht. Er schlägt ihn tot.

Ihr kennt vielleicht den Satz »Gott sieht alles«. Da hätte er natürlich viel zu tun; ich glaube eher, der Satz meint: Gott sieht alles Wichtige; er sieht gerade das, was wir Menschen so gern im Dunklen und Verborgenen lassen würden. Also hatte er auch gesehen, was auf dem Felde geschah, als Kain seinen Bruder Abel erschlug. Er fragt Kain: »Wo ist dein Bruder Abel?« Es ist fast wie bei einem richtigen Verhör; denn auch der Angeklagte verhält sich so, wie Angeklagte sich zu verhalten pflegen: Er versucht auszuweichen, er sagt: »Wie soll ich das denn wissen? Bin ich etwa für meinen Bruder verantwortlich?« Er redet drumherum.

Alles Leugnen hilft nichts. Gott, der hier als Richter auftritt, sagt: »Was du getan hast, muss bestraft werden.« Dann wird das Urteil verkündet, Kain wird verflucht: »Du wirst in Zukunft keinen Erfolg mehr haben in deinem Beruf. Auf der ganzen Erde sollst du keinen Ort mehr finden, an dem du Ruhe haben wirst. Ein Heimatloser sollst du sein, ein Vertriebener, ein Flüchtling – überall wird man dich einen Ausländer nennen.«

Und wie reagiert Kain auf den Schuldspruch: Gibt er seine Tat zu? Bereut er sie? Tut sie ihm jedenfalls im Nachhinein leid? Nichts dergleichen, sondern voller Selbstmitleid beklagt sich Kain bei seinem Richter: »Diese Strafe ist viel zu schwer für mich. Wie soll ich das ertragen können – herumziehen zu müssen von Ort zu Ort, von Land zu Land, völlig schutzlos? Jeder, der mir über den Weg läuft, kann mich totschlagen.«

Wahrscheinlich hat Kain mit dieser Befürchtung gar nicht so Unrecht. Der Totschläger könnte selbst totgeschlagen werden, ein Mord folgt dem anderen, eine endlose Kette – und es wäre bald keiner mehr da, der laut rufen könnte: »Mörderische Gewalt ist niemals eine Lösung.« Darum greift Gott ein, die Bibel berichtet es: »Und der Herr machte ein Zeichen an Kain«, eine Art Tätowierung.

Dieses Zeichen soll ihn, den Mörder, davor bewahren, selbst ermordet zu werden. Mord soll nicht mit Mord beantwortet werden. Gewalt erzeugt nur neue Gewalt. Konflikte können nicht gewalttätig bereinigt werden.

Wie aber dann? Zwei Brüder: Ist eigentlich denkbar, dass der eine von ihnen nicht weiß, wie es um den anderen bestellt ist? Dass der reichgewordene Abel nichts wusste von Kains Erfolglosigkeit, von der schwierigen Situation, in der sich sein Bruder befand?

Eines Tages geht Abel zu Kain: »Ich sehe doch, dass es dir nicht gut geht«, sagt er. »Ich will Dir helfen. Wir sind doch Brüder!« Was meint Ihr, wie die Geschichte dann ausgegangen wäre?

3 Noahs Rettung in der Arche
1. Mose 6-9

Seit Tagen regnet es, und der kleine Bach hinter dem Haus ist mächtig angeschwollen. Die Kinder beobachten genau, wie hoch das Wasser steigt. »Papa, als du klein warst, hat es da auch schon so viel geregnet?« fragt Ruth. »Ja, das war schon oft so. Manchmal regnete es noch viel länger und der Bach wurde zu einem reißenden Fluss und hat alles überschwemmt. Wir Kinder fanden das ganz toll, im Wasser herumzuwaten. Aber dann wurde es immer gefährlicher, und wir mussten sogar eine Zeitlang das Haus verlassen!«

Hattet ihr denn keine Angst?« fragen die Kinder. »Kann so etwas heute auch passieren?« Vater versuchte, sie zu beruhigen: »Klar, hatten wir Angst, wir wussten ja nicht, wie es weitergehen würde und ob wir wieder zurück konnten. Damals sind viele Häuser im Ort zerstört worden.« »Und was habt ihr da gemacht?« »Ich glaube, viele haben zu Gott gebetet.« »Und das hat genützt?« will Ruth wissen.

»Nun ja«, meint da der Vater, »eine große Überschwemmung trifft alle Menschen, ob sie nun gut sind oder böse. Doch selbst wenn es ganz schlimm kommt, werden einige gerettet. Die einen sagen ›Zufall!‹, andere ›Glück gehabt!‹ und wieder andere danken Gott für ihre Rettung.« »Und wer hat Recht?«, wollen die Kinder wissen. »Mein Vater hat uns damals die Geschichte von der großen Flut, der Sintflut, erzählt. Sie hat alles verschlungen. Nur Noah wurde in seiner Arche gerettet.

Als Gott, der HERR, sah, wie böse die Menschen waren, und dass sie immer nur Schlechtes und Böses dachten und taten, da bereute er, die Menschen gemacht zu haben. Deshalb beschloss er, sie zu vernichten. Nur Noah war anders.

17

Deshalb sprach der Gott zu Noah. »Bau eine Arche aus Tannenholz, ein großes starkes Schiff. Die Menschen sind so böse, dass sie in einer großen Flut umkommen sollen. Du aber und deine Familie steigt in die Arche und nimm mit dir ein Paar von allen Tieren, die es gibt. Denk daran, genug Speise und Futter für Mensch und Tier mitzunehmen.« »Was baust du denn da?« fragten die Leute, als sie sahen, dass Noah mit seinen Söhnen begann, die Arche zu bauen. »Ein großes Schiff, eine Arche,« antwortete Noah. »Jetzt ist er verrückt geworden«, dachten da die Leute, und manche sagten es ihm direkt ins Gesicht. »Dir ist wohl jeder Verstand abhanden gekommen? Was willst du mit diesem Riesenschiff, wo es hier weit und breit kein Meer, ja nicht einmal einen See gibt.« Aber Noah ließ sich nicht beirren. Er und seine Söhne bauten Tag und Nacht an der Arche. Als sie schließlich fertig war, schaute Noah voll Stolz auf sein Werk.

Jetzt begann für Noah die schwierigste Aufgabe. Er musste schon ganz genau überlegen, wen er alles mitnehmen wollte. Da waren die großen Elefanten und die Giraffen mit den langen Hälsen. Da kamen die lustigen Affen und das träge Faultier. Die Gänse wollten keinesfalls in der Nähe des Fuchses wohnen, und die Schafe hatten Angst vor dem Wolf. Auch mit den Flöhen gab es Probleme und erst recht mit dem Stinktier.

Den Holzwurm tat Noah in eine Blechbüchse und gab ihm ein Stück Holz, das beim Bau der Arche übrig geblieben war, damit er daran nagen konnte. Als alle untergebracht waren, verschloss Gott die Türe der Arche und der große Regen begann. Drinnen in der Arche war es ziemlich dunkel, aber man konnte gut hören, wie der Regen auf das Dach prasselte. Und es regnete und regnete. Das Wasser stieg und stieg, und die Arche begann zu schwimmen. Sie schaukelte gefährlich auf den Wellen hin und her, die alles Land, ja selbst die höchsten Berge überfluteten. Doch Noah und die Tiere waren in Sicherheit. Als es aber nach mehr als hundert Tagen immer noch regnete, wurde das Futter knapp, und Noah fragte sich: »Ob uns Gott vergessen hat?«

Doch Gott, der HERR, dachte an Noah und die Tiere in der Arche. Und er ließ den Regen aufhören und schickte einen starken Wind, der die Erde trocknen sollte. Da begann das Wasser zu fallen, und die Arche lief auf dem Gipfel des Berges Ararat auf Grund.

Da ließ Noah einen Raben aus dem Fenster der Arche. Der flog hin und her, weil er nichts fand, wo er sich niederlassen konnte. Ein wenig später ließ er eine Taube fliegen, die kam wieder zurück, weil noch alles überflutet war. Noah wartete eine Zeit lang und ließ wieder eine Taube fliegen. Die kam zurück und hatte ein Blatt von einem Ölbaum im Schnabel. Als dann eine andere Taube nicht zurückkam, wusste Noah, dass die Erde wieder trocken war. Und Gott sprach zu ihm: »Du und deine Familie und alle Tiere, ihr könnt jetzt die Arche verlassen!«

Das war vielleicht ein Gedränge und Geschiebe als Noah die Türe der Arche öffnete. Jeder wollte zuerst draußen sein und wieder festen Boden unter den Füßen haben.

Noah und seine Familie aber bauten Gott einen Altar und dankten ihm für ihre Rettung. Da sprach Gott zu Noah: »Ich will einen Bund mit dir und allen, die nach dir kommen, schließen. Nie wieder wird alles vernichtet werden, was lebt. Solange die Erde steht, soll nicht aufhören Saat und Ernte, Frost und Hitze, Sommer und Winter, Tag und Nacht.

Als Zeichen für diesen Bund und zur Erinnerung daran, was ich versprochen habe, setze ich meinen strahlenden Regenbogen in die Wetterwolken.«

Als Großvater mit seinem Erzählen aufgehört hatte, saßen alle noch eine Weile ganz gebannt da. Doch plötzlich merkten sie, dass der Regen aufgehört hatte. Dann lief Ruth zur Tür und hinaus. »Kommt alle schnell raus. Der Regen hat aufgehört. Die Sonne scheint wieder. Und da, da ist er, Gottes Regenbogen!«

Da stürzten alle nach draußen und jubelten. Und wirklich, der Regenbogen stand mit seinen leuchtenden Farben vor den dunklen Wetterwolken, groß, geheimnisvoll und wunderschön.

4 Abraham folgt Gottes Ruf in die Fremde
1. Mose 11-12

Mit seinen Söhnen Abraham, Nahor und Haran wohnte Terach in der Stadt Ur am großen Fluss Euphrat. Als Haran am Fieber erkrankte, konnte kein Arzt helfen und er starb. Da war es gut, dass seine Kinder bei ihrem Großvater wohnten, der zusammen mit Nahor und Abraham für sie sorgte. Obwohl sich die Männer viel Mühe gaben, fehlte doch eine Frau im Haus. Abraham hatte sich in die schöne Sarah verliebt und Nahor in Milka. Zur Hochzeit seiner Söhne lud Terach alle Freunde und Verwandten zu einem großen Fest ein. Abraham und Sarah wünschten sich viele Kinder. Aber so sehr sie auch warteten, kein Kind wurde geboren.

Terach gab der Stadt Ur die Schuld am Tod seines Sohnes Haran. Weil immer mehr Menschen in die Stadt kamen, wurde das Trinkwasser knapp. Wer Wasser aus dem Fluss trank, riskierte sein Leben. Eines Tages hörte Terach zwei Kaufleute vom Land Kanaan erzählen, wo das Leben schön und angenehm sein sollte.

Von da an hatte er einen Traum. Er wollte nach Kanaan auswandern. Doch wie konnte Terach seinen Traum verwirklichen? Er war nie aus der Stadt Ur heraus gekommen, nie gewandert, wie die Nomaden, die vor der Stadt mit ihren Herden Rast machten, bevor sie weiter zogen. Von ihnen ließ sich Terach alles erklären und zeigen, was man wissen muss, wenn man in die Fremde ziehen will. Das war schon eine gewaltige Umstellung für die ganze Familie als sie loszogen. Jeder durfte nur soviel mitnehmen, wie er selbst tragen konnte. Die Esel schleppten das Zelt und die Vorräte.

Doch alle waren guten Mutes und träumten von dem schönen Land Kanaan, in dem sie leben wollten. So zogen sie los. Nach vielen Wochen und Monaten beschwerlicher

Reise erreichten sie die Stadt Haran. Hier wollten sie eine Rast einlegen, damit alle neue Kräfte sammeln konnten. Weil es aber allen in Haran so gut gefiel, verschoben sie die Weiterreise Monat für Monat, Jahr für Jahr.

Als der Vater eines Morgens nicht zum Frühstück kam, sah Abraham nach ihm. In der Nacht war Terach mit einem Lächeln auf dem Gesicht gestorben. Er hatte wohl bis zuletzt vom schönen Land Kanaan geträumt. Was sollte nun werden? Abraham wanderte durch die Wüste vor der Stadt, um in der Ruhe der Nacht über sein Leben nachzudenken. Sollten er immer weiter ziehen, oder war es nicht besser, in Haran zu bleiben?

Ganz in Gedanken versunken, hörte Abraham plötzlich eine Stimme, die rief: »Abraham«. Er sah sich nach allen Seiten um, doch er konnte niemanden entdecken. Schon glaubte er, sich getäuscht zu haben, da hörte er die Stimme wieder: »Abraham, zieh aus deiner Heimat in das Land, das ich dir zeigen werde.« Abraham versuchte, mit seinen Blicken die Dunkelheit zu durchdringen, um herauszufinden, wer so zu ihm sprach. Aber er konnte nichts entdecken. Träumte er? Spielte seine Phantasie ihm einen Streich? Er war sich nicht sicher. Doch dann hörte er die Stimme wieder. Abraham war zu Tode erschrocken. Wer war es, der so zu ihm sprach, so klare Anweisungen gab? Die Worte, die er gehört hatte, gingen ihm nicht aus dem Sinn und er wiederholte sie ständig, um sie zu begreifen: »Abraham«, hatte die Stimme gesagt, »Abraham, zieh aus deiner Heimat in das Land, das ich dir zeigen werde. Ich will dich zum großen Volk machen und dich segnen, und du sollst ein Segen sein.« Abraham war sich seiner Sache nicht sicher. Hatte er die Stimme wirklich gehört oder nur geträumt? Lange dachte Abraham über die Worte nach, die er gehört hatte.

Als der Morgen dämmerte, stand sein Entschluss fest. Er wollte den Worten der Stimme folgen. Er war sich sicher, dass Gott zu ihm gesprochen hatte und vertraute darauf, dass Gott ihn führen und sein Versprechen halten werde.

Der Bruder konnte Abrahams Entschluss nicht begreifen. »Überleg doch mal, was du aufgibst. Nach langer Wanderung haben wir endlich wieder ein festes Zuhause. Du hast

Nachbarn und Freunde, und wir können uns gegenseitig helfen, wenn Not am Mann ist. Das alles willst du aufgeben, nur weil du nachts eine Stimme gehört haben willst, die dir irgendwelche Versprechungen gemacht hat?« Auch Sarah war nicht begeistert von dem, was Abraham ihr erzählte. »Jetzt sind wir endlich zur Ruhe gekommen und müssen nicht länger bei Hitze, Sturm und Wüstenwind durch die Wildnis ziehen. Ach, lieber Abraham«, sagte Sarah, »lass dir das alles noch einmal durch den Kopf gehen. Ich würde lieber hier in Haran bleiben.«

Doch Abraham ließ sich nicht beirren. Er war sich sicher, dass er Gottes Stimme gehört hatte, und er glaubte den Worten. Und wieder musste sich die ganze Familie auf das Leben von wandernden Nomaden vorbereiten. Ein Zelt wurde gekauft und Vorräte gesammelt. Jeder durfte nur das mitnehmen, was er selbst tragen konnte. Lot freute sich auf das Abenteuer. Seine beiden Schwestern wollten lieber in Haran bleiben.

Der Abschied fiel allen schwer. Doch Abraham drängte zum Aufbruch. Er war zuversichtlich und wiederholte immer wieder die Worte, die er gehört hatte: »Abraham«, hatte die Stimme gesagt, »Abraham, zieh aus deiner Heimat in das Land, das ich dir zeigen werde. Ich will dich zum großen Volk machen und dich segnen, und du sollst ein Segen sein.«

Doch manchmal befielen Abraham Zweifel. Hatte er die Stimme wirklich gehört oder nur geträumt? So wanderte er viele Wochen, oder waren es Monate oder gar Jahre? Er zog durch Wüsten und suchte nach Wasser und Futter für die Tiere. Er überquerte Gebirge und fand Stellen, wo er die großen Flüsse durchqueren konnte. Er kam in fremde Städte und Dörfer, begegnete Händlern und Reisenden, litt Durst und Hunger und dankte Gott für jede Quelle, jeden Brunnen mit frischem Wasser.

Endlich nach langer, langer Wanderung erreichte Abraham das Land seiner Träume: das wunderschöne Land Kanaan. Über weiten Ebenen mit saftigen Wiesen und fruchtbaren Feldern erhoben sich Berge und Hügel mit Olivenbäumen und Weinstöcken. In der Hitze und Trockenheit der

Wüste war Abrahams Familie oft dem Verdursten nahe gewesen. Deshalb konnte Abraham nie genug von dem Regen bekommen, der in Kanaan vom Himmel fiel. Er ließ die Regentropfen über sein Gesicht laufen und freute sich über die bunten Farben des Regenbogens in den Wolken.

Die Kanaanäer wohnten in großen Städten. Dort konnte Abraham alles, was die Familie zum Leben brauchte, eintauschen. So zogen sie durch das Land, bis sie bei der Stadt Sichem ihr Zelt unter einem heiligen Baum aufschlugen. Dort hörte Abraham Gottes Stimme zum zweiten Mal: »Deinen Nachkommen will ich dies Land geben.« Da wusste Abraham, dass er sein Ziel erreicht hatte. Er baute einen Altar, um Gott zu danken. Dann zog er weiter bis weit in den Süden, bis an die Grenze zur Wüste, wo er sein Zelt aufschlug, um dort zu wohnen.

5 Jakob und die Himmelsleiter
1. Mose 27-30

Isaak lebte mit seiner Frau Rebecca, seinen Söhnen Esau und Jakob und allen Knechten und Mägden in großen Zelten in der Steppe am Rande der Wüste. Der Älteste, Esau, war ein wilder und kräftiger Junge. Er tobte gern herum und ging oft mit seinem Vater auf die Jagd.

Jakob spielte lieber vor den Zelten oder kümmerte sich um die Tiere auf den Weiden. Aber noch etwas anderes unterschied die Brüder: Jakob hatte eine schöne glatte Haut, während Esau am ganzen Körper mit Haaren bedeckt war. Der Vater mochte Esau mehr, während Jakob Mutters Liebling war.

Isaak war inzwischen sehr alt geworden und fühlte sich oft so matt, dass er ans Sterben dachte. Damals war es üblich, dass der älteste Sohn alles erbte. Das war aber nur möglich, wenn der Vater ihm seinen Segen gab. Ein Segen ist ein Versprechen: Gott selbst wird dem Sohn Kraft geben, alles gut zu machen, wenn er das Oberhaupt der Familie sein wird.

Deshalb rief Isaak seinen ältesten Sohn zu sich: »Esau, ich werde bald sterben«, sagte der Vater, »geh hinaus, zieh dein Jagdkleid an, nimm Pfeil und Bogen mit und jage mir etwas. Ich will dich segnen und möchte dabei ein gutes Festmahl essen.« Da machte sich Esau auf den Weg, um den Wunsch seines Vaters zu erfüllen.

»Jakob«, rief Rebecca ganz aufgeregt, »eben habe ich gehört, dass Vater Esau segnen will. Ich finde das nicht richtig. Du solltest den Segen bekommen und Oberhaupt der Familie werden. Esau will immer nur auf die Jagt gehen. Alles andere vernachlässigt er.« »Aber Mutter«, rief Jakob furchtsam, »was können wir tun? Esau muss doch Familienoberhaupt werden, so war es immer, und so will es Gott.« »Lass mich nur machen«, sagte da die Mutter, »ich habe einen Plan. Esau ist auf der Jagd, und es wird ein Weilchen dauern, bis er zurück ist.«

Isaak lag auf seinem Lager und wartete auf Esau. Da hörte er Schritte und eine Stimme, die sagte: »Lieber Vater, hier bin ich und bringe dir dein Festessen.« War das Esau? Isaak konnte es mit seinen blinden Augen nicht erkennen. »Nein«, sagte er, »ich erwarte Esau, nicht dich, Jakob.« »Aber Vater, fühl doch, ich bin Esau, hier, fühl doch meine Arme und mein Hals sind voller Haare.« Isaak befühlte die Arme und den Hals. »Hm«, sagte er, »die Stimme ist die Stimme Jakobs, aber die Arme sind die Arme Esaus. Komm, mein Sohn, ich will dich küssen und dir meinen Segen erteilen. *Du* sollst das Oberhaupt der Familie werden.« Und so segnete Isaak Jakob. Jakob freute sich riesig. Der Plan seiner Mutter war aufgegangen. Jakob hatte sich nämlich Felle von Ziegenböckchen übergezogen. So konnte sein Vater ihn nicht erkennen und hielt ihn für den behaarten Esau. Jakob hatte seinen Bruder Esau um den Segen des Vaters betrogen.

Wieder hörte Isaak Schritte, freudige Schritte, die auf das Zelt zuliefen. Esau riss den Vorhang zur Seite und rief fröhlich: »Vater, hier bin ich und bringe dir ein köstliches Festmahl, lass es dir schmecken.« Als er das hörte, wusste Isaak, dass er den falschen Sohn gesegnet hatte. Aber er konnte nun nichts mehr ändern. Esau aber tobte und weinte bitterlich und voller Zorn rief er: »Ich werde Jakob umbringen.« Als Rebekka das hörte, rief sie Jakob zu sich und flüsterte ihm leise zu: »Schnell, schnell, beeil dich, du musst fort, sonst geschieht ein Unglück.

Mach dich auf und flieh zu meinem Bruder Laban in das Land Mesopotamien. Bleibe eine Zeitlang dort, bis sich der Zorn deines Bruders legt.« Esaus Zorn war berechtigt und Jakob hatte ein schlechtes Gewissen, weil er seinen Bruder betrogen hatte. So schnürte er hastig sein Bündel und lief weg. Tage später am Abend: Jakob war viele Straßen und Wege gewandert und müde und matt. Die Sonne ging schon unter, und weit und breit gab es kein Haus, in dem er hätte übernachten können. Jakob sah sich um. Der Platz, auf dem er stand, war von hohen Bäumen umgeben. Sanft rauschten ihre Blätter im Wind. Große Steine lagen auf dem Boden.

Jakob legte sich hinter einem großen, mächtigen Stein nieder. Er blickte noch einmal auf zu den funkelnden Sternen am Himmel. Da wurde er ganz ruhig und hatte keine Angst mehr. Alles war still und schlief. Auch Jakob schlief ein. Er lächelte im Schlaf. Es war schön, was er träumte:

An dem Stein, neben dem er lag, lehnte eine Leiter, die unendlich hoch in den Himmel ragte. Wo mochte sie hinführen? Als er seinen Blick über die Leiter wandern ließ, sah er, wie gewaltig hoch sie war. Er konnte das obere Ende kaum erkennen. Sie schien bis an den Himmel zu reichen. Die Leiter war sehr schön. Ihre Stufen und ihr Geländer erglänzten im Mondlicht und im Schein der Sterne. Und Engel stiegen auf der Leiter auf und nieder. Es war, als brächten sie etwas von der Erde in den Himmel und vom Himmel wieder zurück zur Erde.

Ganz oben, am Ende der Leiter, im Himmel, stand Gott selbst und lächelte ihm freundlich zu und sprach zu ihm: »Jakob«, sagte er, »du kennst mich und ich kenne dich. Ich bin der Gott, den auch dein Vater kennt und deine Mutter. Auch dein Großvater und deine Großmutter kannten mich. Du musst dich auf deiner langen Wanderung nicht fürchten. Ich bin bei dir und behüte dich, wohin du auch gehst. Ich werde dich auch wieder zurück bringen. Vertrau mir. Du wirst viele Kinder haben, die allen Menschen Gutes tun werden. Ich halte mein Versprechen.«

Jakob blinzelte. Die ersten Sonnenstrahlen kitzelten ihn an der Nase. Verwundert rieb er sich die Augen. Es war Tag. Die Vögel zwitscherten und die Bäume rauschten. Auch der Stein lag an seinem Platz. »Was ist das für ein besonderer Platz?«, murmelte er. »Sollte Gott selbst zu mir gesprochen haben?« Ihn fröstelte, obwohl die Sonne doch warm auf ihn herunter schien.

Da kam ihm ein Gedanke: »Ich will diesen Stein, wo ich dies geträumt habe, aufrichten und ihn mit Öl einreiben. Dann glänzt er schön und alle Wanderer wissen, dass dieser Platz ein besonderer Ort ist.« Und Jakob nannte den Platz »Beth-El«, das heißt: Haus Gottes.

»Wenn ich wohlbehalten zurückkehre«, dachte Jakob, »will ich hier ein Haus für Gott bauen. Dann wissen alle, dass Gott sein Versprechen hält«. Als er den Stein aufgerichtet und mit duftendem Öl eingerieben hatte, spielten die Sonnenstrahlen auf ihm. Jakob trank einen Schluck aus einer kleinen Quelle, aß ein Stück von seinem Käse und wanderte mutig und fröhlich weiter.

Er fühlte sich nicht mehr schwach und klein. Seine Angst war verflogen. Er wusste, dass Gott bei ihm war und ihn behüten und bewahren wollte. Noch viele Wochen und Monate war Jakob unterwegs und hatte viele Gefahren und Abenteuer zu bestehen, bis er das Land Mesopotamien und das Haus seines Onkels Laban fand. Aber das ist eine andere Geschichte.

6 Josef und seine Brüder

1. Mose 37-39

»Erzähl doch mal, Mama«, bat Hanna eines Abends ihre Mutter, »wie kam es eigentlich, dass die Israeliten früher in Ägypten gelebt haben?« Die Mutter setzte sich neben ihre Tochter und begann zu erzählen: »Warum unser Volk einst gerade in dieses Land auswanderte, das erzählt die Josefsgeschichte.«

Es begann vor langer Zeit im Land Kanaan. Josef und sein kleiner Bruder Benjamin saßen in der Morgensonne auf einer Feldmauer. Josef war 17 Jahre alt – Benjamin noch ein Kind. »Erinnerst du dich noch an Mutter?«, fragte Benjamin. »Ja,« antwortete Josef, »sie war wunderschön...« Josef musste schlucken. Ihre Mutter Rahel war kurz nach der Geburt Benjamins gestorben. Im Schatten der großen Eiche stand Jakob, ihr Vater. Beim Anblick von Josef musste auch er an Rahel denken. Josef wurde geboren, als Jakob schon sehr alt war. Deshalb liebte der Vater ihn besonders. Josef spürte die Blicke seines Vaters. »Ich muss gehen«, sagte er zu Benjamin und packte hastig seine Hirtentasche. »Ich muss unseren Brüdern helfen, die Schafe zu hüten.«

»Wie viele Brüder hatte er noch außer Benjamin?«, wollte Hanna wissen. Ihre Mutter nahm Hannas Hände: »So viele, wie du Finger an deinen Händen hast.« Hanna staunte: »Zehn und Josef und Benjamin noch dazu – also zwölf insgesamt. Da hatte ihre Mutter ja einiges zu tun.« Hannas Mutter lachte. »Nein, die zwölf Brüder hatten nicht dieselbe Mutter. Jakob hatte viele Frauen. Aber Rahel, die Mutter von Josef und Benjamin, hatte Jakob besonders lieb gehabt.«

Hanna konnte sich gut vorstellen, dass bei zwölf Brüdern bestimmt einiges los war. Gespannt fragte sie ihre Mutter: »Wie geht es weiter?«

Josef hütete mit seinen Brüder die Schafe. Doch manchmal wusste er nicht, auf wen er mehr aufpassen sollte, auf die Herde oder seine Brüder. Oft berichtete er abends dem Vater, was sie falsch gemacht hatten. Doch an diesem Abend kam er nicht dazu. Eine Überraschung wartete auf ihn. »Das ist für dich«, sagte sein Vater und legte ihm ein Gewand in die Hände, wie Josef es noch nie gesehen hatte. Es war in den schönsten Farben gewebt. Josef konnte sein Glück kaum fassen. »Danke, mein lieber Vater!«, rief Josef und umarmte Jakob. Seine Brüder waren wie vor den Kopf gestoßen. Warum bekam ausgerechnet Josef dieses Gewand? Das war kaum zu ertragen. Nun konnte jeder sehen, dass Josef Vaters Liebling war. Von da an hatten die Brüder kein gutes Wort mehr für Josef. »Was willst du hier?«, begrüßten sie ihn. »Wir brauchen niemanden, der in feinen Gewändern vor uns herumstolziert. Geh lieber heim zu Papa«, zischten sie hinter ihm her, »und überleg dir, was du wieder über uns zu jammern hast.«

Eines Nachts hatte Josef zwei besondere Träume. »Hört«, sagte Josef am nächsten Morgen zu seinen Brüdern, »was ich geträumt habe! Ich sah in meinem Traum ein Kornfeld vor mir. Wir hatten die Halme geschnitten und banden die Kornbündel zu Garben zusammen. Meine Garbe war die größte und stand in der Mitte. Eure Garben stellten sich um meine und verneigten sich vor ihr.« Als die Brüder den Traum hörten, wurden sie wütend. »Was bildest du dir eigentlich ein?«, fuhren sie Josef an. »Willst du unser König werden und über uns herrschen?« Und sie ärgerten sich noch mehr über ihren Bruder und seinen Traum. Doch Josef scheute sich nicht, ihnen und seinem Vater von seinem zweiten Traum zu erzählen. »Stellt euch vor«, sagte er, »ich hatte noch einen weiteren Traum: Ich sah die Sonne, den Mond und elf Sterne und alle verneigten sich vor mir.« Das ging den Brüdern nun wirklich zu weit. Diesmal schimpfte sogar der Vater: »Was ist das für ein Traum, den du geträumt hast? Sollen wir alle zu dir kommen und vor dir niederfallen? Ich, dein Vater, meine Frau und deine Brüder?« Aber Jakob ließen Josefs Worte nicht los und er dachte: Ich will mir diesen Traum merken.

Jakobs Schafherde war so groß, dass das Weideland im Tal nicht ausreichte. Deshalb hüteten Josefs Brüder die Tiere auch im weit entfernten Sichem. Eines Tages sagte Jakob zu Josef: »Geh zu deinen Brüdern und schau, ob es ihnen und den Tieren gut geht.« Josef machte sich gleich auf den Weg.

Als die Brüder Josef von weitem kommen sahen, konnten sie sich nicht mehr zurückhalten. »Seht nur, wer da kommt!«, riefen sie zornig. »Der Träumer! Und er ist ganz allein! Jetzt können wir mit ihm machen, was wir wollen. Wisst ihr, was wir tun? Wir bringen ihn um und werfen ihn in eine Grube. Vater werden wir sagen, ein wildes Tier habe ihn gefressen. Dann wollen wir mal sehen, was aus seinen Träumen wird.«

Als Ruben, der älteste der Brüder, von dem Plan hörte, schlug er seinen Brüdern vor: »Lasst uns Josef nicht töten. Werfen wir ihn lieber lebendig in den Brunnen. So machen wir unsere Hände nicht blutig.« Insgeheim hatte er aber vor, später allein zurückzukommen und Josef zu retten. Die Brüder waren einverstanden. Kaum war Josef ahnungslos bei ihnen angekommen, umringten ihn die Brüder. Sie packten ihn, rissen ihm sein buntes Gewand vom Körper und warfen ihn in ein leeres Brunnenloch.

Josef schrie verzweifelt um Hilfe, aber das nützte ihm nichts in der dunklen Grube. Er fürchtete sich entsetzlich. Was würde jetzt mit ihm geschehen? Angestrengt horchte er nach oben. Doch die Brüder taten so, als sei nichts geschehen, setzten sich an den Brunnenrand und fingen an zu essen.

Wenig später kamen Händler mit Kamelen zum Brunnen. Da hatte Juda, einer der Brüder, einen Einfall: »Wisst ihr, was wir machen? Wir ziehen Josef aus dem Brunnen und verkaufen ihn. Dann müssen wir ihn nicht töten, sind ihn aber für immer los.«

Das war den anderen recht. Schnell zogen sie Josef aus dem Brunnen und verkauften ihn für 20 Silbermünzen an die Händler.

Ruben war nicht dabei, als dies geschah. Als er wieder zum Brunnen kam und nach Josef schaute, war der Brunnen leer. Entsetzt fragte er seine Brüder: »Wie sollen wir das unserem Vater erklären?«

Es blieb nur eine Möglichkeit: Sie mussten so tun, als sei ein Unglück geschehen. Schnell schlachteten sie einen Ziegenbock und tauchten Josefs buntes Gewand in dessen Blut. Dann ließen sie es von einem Knecht zu ihrem Vater bringen und ihm ausrichten: »Dieses Gewand haben wir gefunden. Sieh doch, ob es der Rock deines Sohnes ist oder nicht.« Als Jakob das Kleid sah, brach er in Tränen aus: »Das ist der Rock meines Sohnes! Ein wildes Tier hat ihn zerrissen!« Er zog Trauerkleider an und niemand konnte ihn trösten.

Die Händler aber verschleppten Josef nach Ägypten. Dort verkauften sie ihn als Sklaven an einen reichen Mann. Doch Gott war mit ihm.

»So begann die Geschichte des Volkes Israel in Ägypten.« Hannas Mutter spürte, wie der Kopf ihrer Tochter immer schwerer auf ihrem Arm ruhte. Sie streichelte ihr über das Haar. Hanna murmelte: »Bitte Mutter, sprich doch weiter.« Ihre Mutter lächelte und antwortet: »Wie es Josef und seinen Kindern in Ägypten erging und ob er sich vielleicht doch noch mit seinen Brüdern versöhnte, erzähle ich dir ein anderes Mal.«

7 Die Rettung des kleinen Mose
2. Mose 1-2

Vor vielen, vielen Jahren kam in Ägypten ein neuer König an die Macht. Dieser König, der in seinem Land Pharao genannt wurde, reiste zu Beginn seiner Regierungszeit im ganzen Land umher. Mit seinen Schiffen segelte er den Nil hinunter, an den Pyramiden vorbei, und schaute sich seine fruchtbaren Felder an. Er besuchte die großen Städte und kleinen Dörfer, sprach mit den Menschen. Von seinen Soldaten ließ er sich berichten, was sonst noch alles im Land geschah. Er rief seine Minister zusammen und beriet mit ihnen, was zu tun sei. Und überall hörte er dasselbe: Alle klagten, es gäbe zu viele Israeliten im Land. Es wären so viele, dass ihre Anzahl bald größer sei, als die der Ägypter.

Außerdem seien sie eine Gefahr, denn sie könnten sich im Krieg mit den Feinden verbünden und gegen sie, die Ägypter, kämpfen. Oder sie könnten sich zusammenschließen und gemeinsam das Land verlassen. Wer solle dann die ganzen Arbeiten machen, die die Ägypter nicht selbst erledigen wollten? Pharao hörte sich die Klagen an. Dann hatte er einen Einfall. Er sagte: »Ich werde die Fremden mit einer List daran hindern, noch mehr zu werden. Ich werde Aufseher einsetzen, die die Fremden zur Arbeit zwingen sollen. Sie werden sie beaufsichtigen und ihnen keine Pause gönnen. Von morgens bis abends sollen sie auf den Feldern arbeiten oder beim Bauen helfen. Dann werden sie keine Zeit mehr für ihre Kinder haben.« Und so geschah es: Die Israeliten mussten von Sonnenaufgang bis Sonnenuntergang hart arbeiten.

Aber der Plan ging nicht auf. Obwohl die Israeliten so schwer arbeiten mussten, wurden immer mehr Kinder geboren.

Den Ägyptern wurde die Sache unheimlich. Pharao beriet sich mit seinen Ministern, was man noch tun könne, um zu verhindern, dass das Volk der Israeliten immer noch größer wurde. Aber keiner wusste Rat. Schließlich fasste der Pharao einen Entschluss: Er befahl seinen Soldaten: »Werft alle kleinen Jungen, die bei den Fremden geboren werden, in den Nil, damit sie ertrinken! Das wird unser Problem lösen.«

Zu dieser Zeit verliebte sich ein junger Israelit in ein Mädchen, und weil sie ihn auch liebte, heirateten sie und waren sehr glücklich. Bald bekamen sie ein Baby, ein kleines Mädchen und einige Jahre später noch ein Kind, diesmal einen Jungen. Aber sie konnten niemandem von ihrer Freude erzählen, Pharao hatte befohlen: »Werft alle kleinen Jungen in den Nil!« Sie versteckten den Kleinen in ihrem Haus, umsorgten ihn und wenn er weinte, trösteten sie ihn. Aber immer hatten sie Angst, jemand könne ihr Geheimnis entdecken. Doch der kleine Junge wuchs schnell heran und wurde größer und größer. Manchmal, wenn er Hunger hatte oder seine Windeln nass waren, weinte er laut, so wie es alle Babys tun. Da wussten die Eltern, dass sie ihr Geheimnis nicht mehr lange für sich behalten konnten. Aber was sollten sie tun?

»Wir haben keine andere Wahl,« sagte die Mutter, »lasst uns das Kind unter Gottes Schutz stellen. Er wird für unseren kleinen Jungen sorgen.« Schnell flocht sie ein Körbchen aus Schilf, verschmierte die Ritzen mit Pech und Harz, legte das Kind vorsichtig hinein und brachte es zum Ufer des Nils.

Langsam und behutsam setzte sie es auf das Wasser des Flusses. Dann kehrte sie weinend nach Hause zurück. Aber die Schwester des Kleinen versteckte sich in der Nähe. Sie stand verborgen im Schilf am Ufer des Nils. Sie hatte große Angst um ihren kleinen Bruder und wollte ihm so gern helfen, wenn es nötig wäre. Was würde geschehen?

An diesem schönen Sommertag wollte die Tochter des Pharao im Nil baden. Bewacht von den Soldaten der königlichen Leibwache schlenderte sie mit ihren Freundinnen am Ufer entlang, um eine Stelle zu finden, an der sie bequem ins Wasser steigen konnten. Doch was war das? Was schwamm dort im Schilf? Vorsichtig stieg sie mit ihren Freundinnen in das Wasser und zog das Körbchen aus dem Schilf zu sich heran. Neugierig warf sie einen Blick hinein. Sofort wusste sie Bescheid. Das Baby im Körbchen war ohne Zweifel ein Kind der Fremden. Und sogleich erinnerte sie sich an den Befehl ihres Vaters: »Werft alle kleinen Jungen, die bei den Fremden geboren werden, in den Nil!«

Was sollte sie machen? Einfach weitergehen und so tun, als hätte sie das Baby gar nicht bemerkt? Sollte sie das Kind den Soldaten der Leibwache, die in der Nähe standen, übergeben? Oder sollte sie es in den Königspalast mitnehmen? Musste sie nicht ihrem Vater, dem König, gehorchen? Noch während sie nachdachte und ihre Gedanken in ihrem Kopf Purzelbaum schlugen, schlug das Baby seine Augen auf und begann ganz leise zu weinen.

Sie sah die Angst in seinen Augen, sah es schutzlos und einsam in seinem Körbchen liegen. Und da wusste sie, dieses Kind würde sie nicht den Soldaten übergeben, dieser kleine Junge sollte nicht im Nil ertrinken. Doch was konnte sie tun?

Auf diesen Moment hatte die Schwester in ihrem Versteck gewartet. Schnell lief sie zu der Prinzessin, verbeugte sich ehrfurchtsvoll und sagte: »Prinzessin, ich weiß, was ihr mit dem Kind machen könnt. Ich kenne eine Frau bei den Israeliten, die würde für den kleinen Jungen sorgen und ihn für euch großziehen.« Dieser Vorschlag gefiel der Prinzessin und deshalb antwortete sie: »Geh, und hol die Frau her.« So schnell sie nur konnte, eilte die Schwester nach Hause und schon von weitem rief sie: »Mutter, Mutter, komm schnell, die Prinzessin will dich sprechen!«

Als die beiden ganz atemlos bei der Prinzessin ankamen, wollten sie sich verbeugen, aber die Prinzessin sagte: »Liebe Frau, nimm dieses Kind und achte gut auf es. Es soll ihm an nichts fehlen. Wenn es erwachsen ist, bring es zu mir in den Palast. Ich werde alles bezahlen und dich belohnen.« Und so geschah es. Alle waren glücklich und zufrieden. Die Prinzessin hatte einen Weg gefunden, dem Baby zu helfen. Die Familie durfte ihren kleinen Sohn behalten und brauchte nicht mehr um sein Leben zu fürchten.

So wuchs der Junge heran und als er erwachsen war, brachten ihn seine Eltern an den Hof des Königs. Die Prinzessin nahm ihn auf wie ihren eigenen Sohn und weil sie ihn aus dem Wasser gezogen hatte, nannte sie ihn »Mose«, denn das bedeutet dieser Name bei den Ägyptern.

8 | Der brennende Dornbusch
2. Mose 2-6

Jonathan lebt mit seinen Eltern in der großen Stadt Babylon. Die Babylonier hatten Jonathans Eltern mit vielen anderen als Kriegsgefangene aus Kanaan nach Babylon verschleppt. Jonathan kennt nur die Stadt Babylon. Mitten in der Stadt steht ein riesiger Turm. Dort verehren die Babylonier ihren Gott Marduk. Weil sie glauben, nur Marduk könnte sie vor den Überschwemmungen des Flusses Euphrat bewahren, nennen sie ihn den »Wasserspalter«. Jonathans bester Freund Nebu ist ein Babylonier. Wenn er Jonathan ärgern will, prahlt er und sagt: »Marduk, der Gott der Babylonier, ist der größte und stärkste Gott, den es gibt!« Weil Israel den Krieg verloren hat, hält Nebu den Gott Israels für einen Schwächling. Jonathans Vater ist ganz anderer Meinung: »Gott der Herr, der unsere Väter aus der Sklaverei in Ägypten befreit hat, wird uns auch aus der babylonischen Gefangenschaft befreien!« sagte er. »Erzähl bitte, wie das damals war«, bittet ihn Jonathan. »Von der Rettung des kleinen Mose habe ich schon erzählt«, beginnt der Vater, »hör zu, wie es weiterging«:

Mose wuchs im Palast auf, aber er vergaß nie, dass die Ägypter sein Volk wie Sklaven behandelten. Als er sah, wie ein Aufseher einen alten Mann mit der Peitsche zur Arbeit zwingen wollte, wurde er so zornig, dass er den Ägypter niederschlug.

Am nächsten Tag wollte Mose den Streit zwischen zwei Männern schlichten. Die fuhren ihn an: »Willst du uns auch erschlagen, wie du den Ägypter umgebracht hast?« Da wusste Mose, dass sie alles gesehen hatten. Wenn sie das Pharao verrieten, wäre er ein toter Mann. Es gab nur eine Rettung für Mose, er musste so schnell wie möglich Ägypten verlassen und irgendwo hin in ein Land fliehen, wo ihn niemand kannte.

Deshalb lief er los, ohne irgend etwas mitzunehmen. Tag und Nacht lief er, bis er fast nicht mehr konnte. Irgendwann fand er einen Brunnen und setzte sich erschöpft nieder, um zu trinken und neue Kraft zu sammeln. Da kamen Mädchen und wollten Wasser für ihre Schafe schöpfen. Doch Hirten versuchten, sich vorzudrängen, um die eigene Herde als erstes zu tränken. Mose konnte solche Ungerechtigkeit nicht ertragen, deshalb half er den Mädchen und jagte die Hirten davon.

Als die Mädchen das ihrem Vater erzählten, bat der Mose, sein Gast zu sein. So kam Mose in das Haus des Priesters Jitro. Dort verliebte er sich in Jitros Tochter Zippora und nahm sie zur Frau. So wurde Mose ein Hirte und sorgte für die große Herde der Familie.

Eines Tages, als er mit seinen Schafen weit über die Steppe bis zum Berg Horeb gezogen war, sah Mose in der Ferne ein Feuer. Als er näher kam, konnte er einen Dornbusch erkennen, aus dem feurige Flammen loderten. Doch der Busch verbrannte nicht. Das machte Mose neugierig und er beschloss, sich dieses Feuer genauer anzusehen.

Kaum war er an das Feuer herangetreten, hörte er eine Stimme. »Mose!«, und noch einmal: »Mose!« Mose war ganz verwirrt, weil er zwar die Stimme hörte, aber niemanden sehen konnte. So antwortete er einfach: »Hier bin ich!« Da befahl ihm die Stimme: »Komm nicht näher! Ziehe deine Schuhe aus, denn der Ort auf dem du stehst, ist heiliges Land.« Zitternd vor Furcht streifte Mose hastig die Sandalen von den Füßen und fiel auf die Knie. Da hörte er die Stimme sagen: »Ich bin der HERR, der Gott deines Vaters, der Gott Abrahams, der Gott Isaaks und der Gott Jakobs.« Mose wusste nicht, was er tun sollte, als er diese Worte hörte. Schnell verhüllte er sein Gesicht, denn er fürchtete sich davor, Gott anzuschauen.

Und Gott sprach zu Mose: »Ich habe das Elend meines Volkes in Ägypten gesehen und sein Schreien gehört. Ich will es befreien und in ein Land führen, in dem Milch und Honig fließen. Deshalb will ich dich zum Pharao senden. Du, Mose, sollst mein Volk aus Ägypten führen.«

Da bekam Mose noch einen größeren Schrecken. Er, der einen Ägypter erschlagen hatte, sollte zum Pharao gehen? Was würde Pharao tun, wenn er ihn erkannte? Mose suchte nach einer Ausrede und antwortete deshalb: »Wer bin ich denn, dass ich zu Pharao gehen könnte, um die Israeliten aus Ägypten zu befreien?« Aber Gott sagte: »Ich will mit dir sein.«

Doch das konnte Mose nicht überzeugen. Er hatte einfach Angst und überlegte sich eine neue Ausrede: »Wenn ich zu den Israeliten komme und sage: ›Der Gott eurer Väter hat mich zu euch gesandt!‹, dann werden sie mich fragen: ›Wie ist sein Name?‹, was soll ich dann sagen?«

Da sprach Gott zu Mose: »Ich bin der HERR. Ich werde sein, der ich sein werde. – Nun aber brich auf und sage den Ältesten Israels: Der HERR, der Gott eurer Väter, der Gott Abrahams, Isaaks und Jakobs hat gesagt: ›Ich will euch aus dem Elend Ägyptens führen in das Land, in dem Milch und Honig fließen‹. Sie werden auf dich hören.«

Doch Mose wollte immer noch nicht und versuchte eine weiterer Ausrede: »Ach HERR, ich habe nie gut reden können und kann es auch jetzt nicht, wo du mit mir sprichst. Mir fehlen die Worte und ich habe eine ungeschickte Zunge.« Da erwiderte Gott: »Wer hat den Mund des Menschen geschaffen? Hab ich's nicht getan? So geh nun: Ich will mit deinem Munde sein und dich lehren, was du sagen sollst.« Als Mose merkte, dass er mit seinen Ausreden nicht weiterkam, nahm er allen Mut zusammen und sagte: »HERR sende, wen du willst, aber nicht mich.«

Da wurde Gott sehr zornig auf Mose und fuhr ihn an: »Dein Bruder Aaron kann gut reden. Zu ihm sollst du sprechen und er soll zum Volke reden. Ich werde mit euch sein.«

Da wagte Mose keinen Widerspruch mehr und machte sich auf den Weg zurück nach Ägypten. Und Gott sandte ihm seinen Bruder Aaron entgegen. Als die beiden sich in der Wüste trafen, fielen sie sich in die Arme, und Mose erzählte Aaron alles, was Gott zu ihm gesagt hatte. Die Israeliten schöpften neuen Mut, als sie hörten, dass der HERR ihre Not gesehen hatte und sich ihres Elends annehmen wollte.

Mose und Aaron aber gingen zum König von Ägypten und sagten zu Pharao: »So spricht der HERR, der Gott Israels: ›Lass mein Volk ziehen, dass es mir ein Fest in der Wüste ausrichte!‹«

Aber Pharao antwortete: »Wer ist der HERR, dass ich ihm gehorchen müsste und Israel ziehen lasse? Ich weiß nichts von einem HERR, und ich will die Israeliten auch nicht ziehen lassen. Sie sollen nicht feiern, sondern härter arbeiten als bisher!« Pharao befahl seinen Aufsehern, die Israeliten noch mehr zu knechten und zur Arbeit zu zwingen.

Die Israeliten aber gaben Mose und Aaron die Schuld an ihrem neuen Unglück. Deshalb sprach Mose zum HERRN: »Warum hast du mich nach Ägypten geschickt, wenn es den Menschen jetzt schlimmer ergehen soll als zuvor?« Da sagte Gott der HERR zu Mose: »Ich werde Pharao zwingen, mein Volk freizugeben.«

Wie es weitergegangen ist, erzähle ich das nächste Mal«, sagte der Vater.

9 Der Auszug aus Ägypten

2. Mose 7-15

Am nächste Tag kam Jonathan ganz empört nach Hause. »Nebu hat gesagt, Gott der Herr sei ein Schwächling, weil er nicht einmal mit Pharao fertig geworden sei. Die Armee Babylons aber habe mit Marduks Hilfe die Ägypter in die Flucht geschlagen.« »Hör erst einmal, wie die Geschichte weitergeht«, antwortete da sein Vater:

Weil Pharao das Volk nicht freilassen wollte, sagte Mose zu Pharao: »Wenn du das Volk nicht ziehen lässt, wird Gott der Herr Ägypten fürchterlich plagen.« Aber Pharao fühlte sich stark und mächtig und antwortete: »Wer ist dieser Herr? Was kann er schon gegen Ägyptens Götter ausrichten?«

Da färbte sich das Wasser des Nils rot wie Blut, Frösche bedeckten das Land und Stechmücken plagten die Menschen. Ungeziefer fiel über sie her, und alle erkrankten an Seuchen. Aber Pharao ließ das Volk nicht ziehen. Auch als die Pest kam, Hagel die Ernte vernichtete, Heuschrecken alles auffraßen, was übrig geblieben war, und eine große Finsternis das Land verdunkelte, wollte Pharao das Volk immer noch nicht ziehen lassen. Da sprach Gott zu Mose: »Ganz Israel soll das Passah-Fest feiern. Jede Familie brate ein Lamm, um es mit ungesäuertem Brot zu essen. Mit seinem Blut bestreicht die Pfosten und die Schwelle des Hauses. Diese Nacht werden alle Erstgeborenen Ägyptens sterben. Nur die Häuser, deren Türen mit Blut bestrichen sind, bleiben verschont.« Da erhob sich ein großes Geschrei in ganz Ägypten. Pharao aber ließ Mose mitten in der Nacht rufen und befahl: »Nehmt alles mit, was euch gehört und verlasst Ägypten, denn sonst sind wir alle des Todes.«

Die Nachricht verbreitete sich wie ein Lauffeuer: »Hast du es schon gehört? Pharao hat aufgegeben, lässt uns ziehen.« – »Ist das wirklich wahr?« – »Das hätte ich nie gedacht.« Alle redeten durcheinander, aber keiner konnte es so richtig fassen. Endlich hatte sich erfüllt, worauf alle so lange gehofft hatten. Sie würden Ägypten verlassen, frei sein, um gemeinsam in das Land ihrer Väter zu ziehen. Da begann ein hektisches Treiben. Was sollten sie mitnehmen, was mussten sie zurücklassen? Nicht jeder hatte einen Esel oder gar einen Wagen, den er vollpacken konnte. Die Reise würde lange dauern und beschwerlich sein. Da mussten sie schon genau überlegen, was sie zum Leben brauchten und worauf sie verzichten konnten.

Als am Morgen die Sonne aufging, machten sie sich auf den Weg. Mose ging voran, dann kamen die Männer Frauen und Kinder, die Esel, Ochsen und Kühe, Enten und Hühner. Es war ein bunter Zug, der da durchs Land zog. Alle waren gut gelaunt und freuten sich auf die Freiheit, die vor ihnen lag. Hier und da versuchten sie, ein Lied zu singen, und wenn eins der Kinder nicht mehr weiter konnte, setzten sie es auf die Schultern und trugen es ein Stück des Weges.

So zogen sie Stunde um Stunde, während die Sonne immer höher stieg und die Hitze ihnen zu schaffen machte. Inzwischen hatten sie die Wüste erreicht, wo weder Baum noch Strauch Schatten spendeten. Der Weg war beschwerlich, aber alle wussten, dass es der Weg in die Freiheit war, und deshalb murrte keiner, sondern alle versuchten, sich gegenseitig zu ermuntern und wo immer nötig zu helfen. Am späten Nachmittag aber kam der Zug ins Stocken. »Was ist los?«, riefen die hinten. »Warum geht es nicht weiter?« Dann sprach es sich schnell herum: Sie hatten das Schilfmeer erreicht, und Mose musste überlegen, wie sie weiterkommen konnten. Sollten sie das Meer umgehen oder gab es Boote, um überzusetzen. Konnten sie durch das Wasser waten oder mussten sie etwa schwimmen? Und während die Ältesten noch beratschlagten, hörten sie plötzlich einen Schrei: »Rettet euch! Rettet euch! Pharao kommt mit seinen Streitwagen und Soldaten!«

Und wirklich, weit hinten in der Wüste konnten alle eine Staubwolke sehen, die sich schnell näherte. Wer genau hinsah, erkannte die Streitwagen und Soldaten Pharaos. Was sollten sie nur tun? Vor ihnen versperrte das Schilfmeer den Weg. Hinter ihnen würden in kurzer Zeit die Soldaten Pharaos jedes Entkommen verhindern.

Da verloren viele schnell ihren Mut und die Freude, mit der sie am Morgen in die Freiheit aufgebrochen waren. Nein, so hatten sie sich das nicht vorgestellt. Sie begannen Mose anzuschreien: »Warum hast du uns das angetan?« – »Gibt es nicht genug Gräber in Ägypten?« – »Musstest du uns wegführen, damit wir in der Wüste sterben?« – »Haben wir nicht gesagt: Lass uns in Ruhe!« – »Ist es nicht besser, als Sklaven in Ägypten zu leben als frei in der Wüste zu sterben?«

Doch Mose ließ sich nicht beirren. Er rief den Mutlosen und Verzagten zu: »Fürchtet euch nicht, seid standhaft, der HERR wird für uns streiten.« Dann hob Mose auf Gottes Wort hin seinen Stab und zog mit den Israeliten mitten durch das Meer in die Freiheit. Als die Ägypter ihnen folgen wollten, stürzten ihre Rosse, Reiter und Wagen ins Wasser.

Jonathan schaute eine Weile nachdenklich vor sich hin. »Eigentlich ist Mose ein viel größerer ›Wasserspalter‹ als dieser Marduk. Der braucht Wochen, um das Hochwasser vor Babylon wegzubringen. Unser Mose aber hat das in einem Augenblick mit seinem Spazierstock geschafft und gleich noch die Ägypter ins Wasser plumpsen lassen. Das werde ich morgen Nebu erzählen. Gott der Herr ist stärker als Marduk.«

Aber Jonathan hatte noch eine Frage: »Sag mal, Papa, stimmt das wirklich, dass Mose das Meer mit seinem Spazierstock geteilt hat, oder ist das nur so eine Geschichte für Kinder?«

»Die Geschichte von der wunderbaren Rettung am Schilfmeer haben Eltern ihren Kindern immer wieder erzählt«, antwortet der Vater, »und viele Kinder haben die gleiche Frage wie du gestellt. Es gibt viele Erklärungsversuche. Die einen sagen, Gott habe das Meer durch einen starken Ostwind ausgetrocknet, andere meinen, ein Engel habe die

Ägypter zurückgehalten, oder Gott habe die Sicht der Ägypter durch eine Wolkensäule verdunkelt. Ich glaube, Wunder kann man nicht erklären. Die Menschen hätten nur eine flache Stelle finden müssen, um durch das Meer zu kommen. Oder es hätte genügt, dass Pharao mit seinem Streitwagen über einen Stein gestürzt wäre. Auch das hätte Israel gerettet. Dann hätte man sagen können: Wir haben Glück gehabt! oder: Alles reiner Zufall! Aber die, die am Schilfmeer dabei waren, haben es anders gesehen. Sie wussten, dass es Gott war, der sie rettete. Das glauben wir noch heute. Daher nehmen wir die Hoffnung und die Zuversicht, dass Gott der HERR, der unsere Väter am Schilfmeer gerettet hat, auch unsere Not hier in Babylon sieht und uns aus dieser Gefangenschaft befreien wird. Deshalb erzählen wir unseren Kindern von der Rettung am Schilfmeer und es geht uns wie denen, die damals dabei waren und mit Miriam gesungen haben:

»Kommt, lasst uns dem Herrn lobsingen, denn er hat eine große Tat getan: Rosse und Reiter warf er ins Meer.«

(2. Mose 15, 21)

10   Der Tanz um das goldene Kalb

2. Mose 15-32

Jonathan hörte gern zu, wenn sein Vater von Mose erzählte. Er war sehr neugierig, wie es nach der wunderbaren Rettung am Schilfmeer weiterging.

Die Israeliten waren glücklich über die wunderbare Rettung, aber der Weg durch die Wüste war beschwerlich und zehrte an ihren Kräften. Die Sonne brannte unbarmherzig vom Himmel. Oft war es schwer, Trinkwasser zu finden. Als auch noch die Essensvorräte aufgebraucht waren, begannen die Menschen immer mehr zu klagen: »Wären wir doch bei den Fleischtöpfen Ägyptens geblieben.« – »Mose, hast du uns in die Freiheit geführt, um uns in der Wüste verhungern zu lassen?«

Da sprach der HERR zu Mose: »Ich habe das Schreien des Volkes gehört. Am Abend sollen sie Fleisch essen und am Morgen Brot, damit sie sehen, dass ich der HERR ihr Gott bin.« An diesem Abend kamen unzählige Wachteln und ließen sich im Lager nieder, so dass die Menschen genug Fleisch hatten. Am nächsten Morgen fanden sie im Sand der Wüste kleine Körner, wie Reiftropfen. Da fragten sie »Ma na?« Das meint: »Was ist das?« Mose erklärte: »*Manna* ist das Brot Gottes.« Sie aßen es gern. Es schmeckte wie Honigbrötchen.

Als sie sie kein Trinkwasser fanden beklagten sie sich bei Mose: »Hast du uns aus Ägypten geführt, um unsere Kinder und unser Vieh in der Wüste verdursten zu lassen?« Da sprach der HERR zu Mose: »Schlag mit deinem Stab auf den Felsen, dann wird Wasser herauslaufen und die Leute können trinken, soviel sie wollen.« So kam das Volk mit Gottes Hilfe bis zum Berg Sinai.

Im Tal am Fuße des Berges Sinai schlugen sie ihr Lager auf. Mose aber stieg auf den Berg Sinai. Da sprach der HERR zu ihm: »Sag dem Volk: Ihr habt gesehen, was mit den Ägyptern geschehen ist. Wenn ihr meinen Geboten gehorcht, sollt ihr mein Volk sein, und ich will euer Gott sein.« Als das die Ältesten hörten, antworteten sie: »Wir wollen alles tun, was der HERR will.« Da begann der ganze Sinai heftig zu beben. Rauch und Qualm erfüllten die Luft und ein mächtiges Brausen, wie der Schall einer Posaune, wurde immer lauter als Gott der HERR Mose befahl:

Sag dem Volk: Ich bin der HERR, dein Gott, der dich aus der Sklaverei befreit und aus Ägypten geführt hat.

1. Du sollst keine anderen Götter haben neben mir.
2. Du sollst dir kein Bild machen.
3. Du sollst den Namen des Herrn nicht missbrauchen.
4. Du sollst den Feiertag heiligen.
5. Du sollst Vater und Mutter ehren.
6. Du sollst nicht töten.
7. Du sollst nicht ehebrechen.
8. Du sollst nicht stehlen.
9. Du sollst nicht falsch Zeugnis reden.
10. Du sollst nicht begehren deines Nächsten Gut.

Als sie spürten wie die Erde bebte und Donner und Blitze vom Himmel herabzuckten, flohen die Israeliten in panischer Angst aus ihrem Lager, um aus sicherer Entfernung zu beobachten, was geschehen würde.

Mose teilte dem Volk die Gebote des Gottes mit, und die Israeliten versprachen: »Alles, was der HERR will, wollen wir tun.« Da brachte Mose Gott dem HERRN ein Dankopfer dar. Mit dem Blut der Opfertiere besprengte er das Volk und sagte: »Seht, dieses Blut ist das Zeichen des Bundes, den der Herr mit euch geschlossen hat.«

Der HERR aber rief Mose und sagte: »Komm herauf auf den Berg und bleibe dort. Ich will dir die steinernen Tafeln geben, auf die ich die Gebote für euch geschrieben habe.« Da stieg Mose auf den Berg und blieb dort vierzig Tage und vierzig Nächte.

Und Gott der HERR gab Mose die beiden Tafeln des Gesetzes. Die waren aus Stein und beschrieben von dem Finger Gottes.

Als Mose so lange auf dem Berg blieb, wurden die Israeliten im Lager am Fuße des Berges immer ungeduldiger. »Was ist mit Mose?« – »Wo steckt er?« – »Ob ihm auf dem Berg ein Unglück zugestoßen ist?« – »Was soll aus uns werden, wenn Mose nicht zurückkommt?« – »Nur er hat mit Gott dem HERRN gesprochen. Wir haben den HERRN nie gesehen.« – »Wer wird uns in Zukunft führen und aus allen Gefahren retten?« Schließlich gingen die Ältesten zu Moses Bruder Aaron und forderten von ihm: »Auf, mache uns einen Gott, der vor uns hergeht! Wir wissen doch nicht, was diesem Mann Mose zugestoßen ist, der uns aus Ägypten geführt hat.«

Aaron sprach zu ihnen: »Nehmt die goldenen Ohrringe von den Ohren eurer Frauen, Söhne und Töchter und bringt sie zu mir!« Da nahmen die Leute die goldenen Ohrringe von den Ohren und brachten sie zu Aaron. Der ließ sie sich geben, schmolz das Gold und goss es in einer Form zu einem goldenen Kalb. Da jubelten die Leute und sprachen: »Das ist dein Gott Israel, der dich aus Ägyptenland geführt hat.«

Als Aaron sah, dass sein Kalb den Leuten gefiel, baute er ihm einen Altar und ließ im ganzen Lager ausrufen: »Morgen feiern wir ein Fest für den Herrn!« Da standen alle am nächsten Morgen früh auf und brachten dem Kalb Brandopfer und Dankopfer. Dann begannen sie ein großes Fest mit Essen und Trinken und tanzten voller Freude mit Gesang um das goldene Kalb.

Da sagte der HERR zu Mose: »Das Volk, mit dem ich einen Bund geschlossen habe, hat sich ein Götzenbild gemacht. Sie beten es an, opfern ihm und tanzen um ihr goldenes Kalb. Sie singen und sagen: ›Das ist dein Gott, Israel, der dich aus Ägyptenland geführt hat.‹ Deshalb ist mein Zorn über sie entbrannt, und ich werde sie vernichten! Dich aber will ich zu einem großen Volk machen.«

Mose aber flehte den HERRN an und bat um Vergebung. Da gereute Gott den HERRN das Unheil, das er seinem Volk zugedacht hatte. Mose aber stieg vom Berg herab und trug die zwei Tafeln des Gesetzes in seinen Armen, die Gott gemacht und beschrieben hatte. Als er näher an das Lager kam, hörte er schon von ferne ihr Geschrei und Gejohle. Entsetzt sah er das goldene Kalb und wie sie im Kreis darum herumhüpften. Voll Zorn warf er die Tafeln des Gesetzes zu Boden, dass sie zerbrachen. Dann zerschlug er das Kalb und ließ seine Reste im Feuer verbrennen.

Am nächsten Morgen versammelte Mose das Volk und sagte: »Ihr habt eine große Sünde begangen, die den HERRN unendlich erzürnt hat. Ich will noch einmal zu ihm auf den Berg steigen und versuchen, Vergebung für euch zu erbitten.« Und Mose sprach zum HERRN: »Das Volk hat eine große Sünde begangen. Sie haben sich einen Gott aus Gold gemacht und ihn angebetet. Vergib ihnen doch noch einmal, damit sie leben können.« Da antwortete der HERR: »Geh hin und führe das Volk, wohin ich dir gesagt habe. ›Meinen Engel werde ich vor dir hersenden.‹«

Mit diesen Worten beendete der Vater die Geschichte. Jonathan dachte ein wenig nach, dann sagte er: »Jetzt verstehe ich, warum du mir immer wieder sagst, dass wir Gottes Gesetze befolgen sollen. Er hat sie uns gegeben, damit wir sein Volk sein können.«

11 | David und Goliath
1. Samuel 17

Vor vielen Jahren war Krieg in Israel. Die Philister kamen ins Land, um zu rauben und zu morden. König Saul hatte alle Männer zu den Waffen gerufen und war mit ihnen gegen den Feind gezogen.

Da trat aus der Reihe der Feinde ein riesengroßer Krieger hervor und schrie: »Na, ihr Feiglinge, wer wagt es, gegen mich zu kämpfen? Wenn einer von euch siegt, wollen wir uns ergeben. Wenn ich siege, sollt ihr unsere Gefangenen sein.« Goliath, so hieß der Kerl, war ganz furchtbar anzuschauen. Er hatte einen riesigen Speer, und sein Schwert war fast doppelt so lang wie jedes andere. Die Soldaten König Sauls schauten verlegen unter sich. Keiner hatte genug Mut, es mit diesem Ungeheuer aufzunehmen. Was konnten sie nur machen? Sorgenvoll suchte der König nach einem Ausweg. Er selbst war zu alt, um zu kämpfen, aber auch seine Krieger hatten kaum eine Chance gegen diesen Riesen.

In der Ratsversammlung, die der König eilig zusammenrief, sprachen alle durcheinander, aber keiner hatte eine rettende Idee. Da sagte ein Minister: »Wir müssen einen Preis aussetzen!« – »Aber was für einen Preis?« – »Wofür wird sich einer von Goliath erschlagen zu lassen?« Da sagte König Saul: »Der, der es wagt, gegen Goliath anzutreten, soll die Prinzessin, meine Tochter, zur Frau erhalten!« »Eine gute Idee«, riefen die Minister durcheinander, weil sie froh waren, eine Lösung gefunden zu haben. »Er soll die Prinzessin erhalten und einen Sack voll Goldstücke.«

Sofort wurden Boten zu den Soldaten geschickt, um die Nachricht zu verkünden. Aber wer gedacht hatte, jetzt würden sich viele Krieger melden, wurde enttäuscht. Goliath war so riesig und so furchtbar anzusehen, dass trotz der ausgesetzten hohen Belohnung keiner es wagte, gegen ihn in den Kampf zu ziehen.

In diesen Tagen sagte Vater Isai zu seinem Sohn David: »Deine Brüder müssen gegen den Feind kämpfen. Sicher bekommen sie nicht einmal richtig zu essen. Ich habe dir ein Päckchen mit Ziegenkäse und Brot gepackt. Auf, geh hin und bring es ihnen.« Als David bei den Soldaten ankam, standen alle herum und wussten nicht, was sie tun sollten. »Habt ihr schon gesiegt?«, fragte David. »Gesiegt? Schau einmal zu den Feinden hinüber, Junge, dann weißt du, was los ist. Die haben einen Riesen mitgebracht. Der ist so stark und furchtbar, dass keiner von uns eine Chance hat, ihn zu besiegen.«

Überall sah David nur ängstliche und ratlose Gesichter. Da dachte er: »Wenn ich in der Wüste Vaters Schafe hüte und ein Bär oder Löwe schleicht sich an, dann nehme ich allen Mut zusammen und schleudere Steine nach ihnen bis sie sich davonmachen. Ich habe mich immer auf Gottes Hilfe verlassen. Warum sollte er mich im Stich lassen, wenn ich es mit Goliath aufnehme?«

So ging David zu König Saul und sagte: »Ich will gegen Goliath kämpfen.« Der König war zwar froh, dass wenigstens einer versuchen wollte, es mit dem Riesen aufzunehmen, doch David war so jung und klein, dass der König große Zweifel hatte, ob er es schaffen könnte. »Mein Junge«, sagte er, »du bist sehr mutig und tapfer. Das finde ich ganz großartig. Aber Goliath ist ein erfahrener Kämpfer, riesig groß und gemein. Was können wir nur machen, um dir zu helfen?«

Die Ratsversammlung meinte: »Ohne Rüstung hat der Junge keine Chance.« Da ließ der König seine beste Rüstung holen und alle halfen David, sie anzulegen. Als sie fertig waren, er gab sich ein trauriges Bild: Die Rüstung war David viel zu groß. Der Helm rutschte ihm über die Ohren. »So geht es nicht!«, meinte da König Saul.

David sagte: »Lieber König, lass mich so kämpfen, wie ich das aus der Wüste gewohnt bin. Ich habe es mit Bären und Löwen aufgenommen und Gott hat mir geholfen. Ich bin sicher, er wird mir auch gegen diesen fürchterlichen Riesen beistehen.« So zog David in den Kampf. Er hatte nur seinen Hirtenumhang an, den er auch in der Wüste trug, und seine Schleuder in der Hand. Schnell suchte David sich noch ein paar Kieselsteine für seine Schleuder, mit der er meisterhaft umgehen konnte. Er hatte das immer und immer wieder geübt. Wenn ein Schaf weglaufen wollte, schleuderte David einen Stein nach ihm, so dass der Ausreißer gleich wusste, dass er keine Chance hatte. Auch Bären und Löwen machten sich schnell davon, wenn sie erst mit Davids Steinen Bekanntschaft gemacht hatten. Deshalb war David sicher, dass er mit Gottes Beistand auch den fürchterlichen Riesen besiegen könnte.

Kaum war David vor die Reihe der Israeliten getreten, da bekam der Riese Goliath einen Wutanfall. »Was soll das?«, tobte er. »Will dieses Würstchen etwa gegen mich kämpfen? Ich werde dich in deine Einzelteile zerhacken und dich den Vögeln als Futter vorwerfen, du frecher Winzling.«

David blieb ganz ruhig und antwortete: »Du aufgeblasene Blechbüchse. Was kannst du schon machen? Du verlässt ich auf deine Rüstung, deine Kraft und deine Waffen. Das wird dir nichts nützen, denn ich verlasse mich auf Gott. Der wird mir helfen, dich Ungeheuer zu besiegen.«

Aber Goliath hörte gar nicht richtig hin, sondern stürzte sich mit Gebrüll auf David. Den Israeliten verschlug der Schreck fast den Atem. Hätten sie doch David nicht in den Kampf geschickt! Er war doch ein so mutiger Junge, und jetzt würde ihn der Riese sicherlich erschlagen.

Doch David war nicht nur mutig, sondern auch sehr schnell. Geschickt wich er dem Ansturm des Riesen aus, und dieser stürzte an David vorbei, ohne ihm etwas antun zu können. Schnell legte David nun einen besonders großen Kieselstein in seine Schleuder und schleuderte ihn Goliath direkt an seinen Riesenkopf. Der Aufprall war so stark, dass Goliath wie ein Sack umfiel und ohne Bewusstsein liegen blieb. Schnell sprang David hinzu, nahm das Schwert des Riesen und tötete das Ungeheuer mit einem einzigen Schlag.

Als das Saul und seine Krieger sahen, fiel ihnen ein Stein vom Herzen. Die Philister aber waren so erschrocken, dass sie ohne zu überlegen davonliefen. David hatte gesiegt. Die

Gefahr war gebannt. Die Israeliten begannen laut zu jubeln und zu singen. Dann nahmen sie David auf ihre Schultern und trugen ihn im Lager herum bis zum König. Der war sehr erleichtert und glücklich über Davids Sieg. Als Lohn gab er dem Helden wie versprochen die schöne Prinzessin zur Frau und dazu noch einen Sack mit Goldstücken.

12 | Jonas Flucht vor Gott
Jona 1-2

Ich bin Tobias der Fischer und fahre Tag für Tag auf's Meer hinaus, um zu fischen. Doch wenn ein großer Sturm auf dem Wasser tobt, ist es draußen zu gefährlich. Wenn sich der Wind wieder gelegt hat, suchen wir den Strand ab, ob wir etwas finden, was das Meer angespült hat. Man macht sich kaum eine Vorstellung, was da alles angeschwommen kommt. Kisten mit feinen Stoffen, Körbe mit Obst und Gemüse und immer wieder Menschen, die ertrunken sind.

So war es auch nach dem großen Sturm vor einer Woche. Ich gehe so den Strand entlang, da sehe ich halb im Wasser eine bewegungslose Gestalt liegen. Als ich mich neben sie hinknie, um ihre Taschen zu durchsuchen, merke ich, dass der Mann noch lebt. Vorsichtig drehe ich ihn auf den Rücken, denn er sah ziemlich mitgenommen aus. Seine Kleider waren zerrissen und alles voller Seetang und Algen. Da schlug er die Augen auf und fing an zu reden. Aber ich konnte seine Worte nicht verstehen.

Zusammen mit meinen Leuten haben ich ihn zu mir nach Hause gebracht und unsere Großmutter hat ihm erst einmal in ein heißes Bad gemacht und ihn dann ins Bett gesteckt. Ohne aufzuwachen schlief er drei Tage lang an einem Stück. Natürlich wollten wir wissen, woher er kam und wie er ins Meer gefallen war. Am Abend bei einem Gläschen Wein hat er dann angefangen, zu erzählen:

Er begann: Ich bin Jona. In den letzten Tagen habe ich Unglaubliches erlebt. Es fing damit an, dass ich eine Stimme hörte, obwohl weit und breit keine Menschenseele zu sehen war. »Jona«, sagte die Stimme zu mir: »Jona, mache dich auf und gehe in die große Stadt Ninive und halte eine Strafpredigt, denn die Bosheit dort ist unübersehbar!«

Zuerst dachte ich: »Jona; du träumst am hellen Tage!« Aber dann hörte ich es erneut: »Jona, mache dich auf und gehe in die große Stadt Ninive und halt eine Strafpredigt, denn die Bosheit dort ist unübersehbar!« Das war keine Täuschung, das war ein Auftrag. Aber selbst wenn er direkt von Gott sein sollte, ich kann so etwas nicht. Ich traue mich nicht, auf der Straße oder auf dem Markt eine Bußpredigt zu halten. Und ich will das auch nicht!

Deshalb rannte ich einfach fort. Nichts wie weg, irgendwohin, wo mich keiner kennt, wo diese Stimme mich nicht findet. Also auf nach Jafo zum Hafen. Dort ankern die großen Schiffe, die weit übers Meer in ferne Länder fahren. Als ich hörte, dass eines nach Tarsis auslaufen wollte, habe ich dem Kapitän Geld gegeben und bin an Bord gegangen. Ich hatte nur eins im Kopf: Nichts wie weg.

Als wir am frühen Morgen in See stachen, lachte die Sonne am Himmel, und ich freute mich auf eine schöne Seereise. Aber schon bald begann der Himmel, sich zu verdunkeln, schwarze Wolken zogen auf, und der Wind begann, uns um die Ohren zu pfeifen. Die ersten Blitze zuckten vom Himmel, und es erhob sich ein fürchterlicher Sturm, der riesige Wellenberge vor sich hertrieb. Der Kapitän warnte mich: »Jetzt wird es an Deck sehr ungemütlich. Steig hinab ins Schiff und leg dich schlafen. Das ist das Beste, was du in dieser Situation tun kannst!« Als dann die ersten riesigen Wellen über das Schiff krachten, schien es in tausend Stücke zu zerbrechen. Ich hörte noch, wie die Seeleute anfingen, ihre Götter laut um Hilfe anzuflehen, und der Kapitän befahl, möglichst viel von der Ladung über Bord zu werfen, damit das Schiff leichter würde. Dann bin ich vor Angst eingeschlafen.

Doch schon kurze Zeit später hat der Kapitän mich geweckt: »Steh auf und bete zu deinem Gott. Vielleicht kann der uns retten.« Um herauszufinden, wer schuld daran war, dass so ein so fürchterlicher Sturm uns zu vernichten drohte, begannen die Matrosen zu losen. Als dann das Los auf mich fiel, bestürmten sie mich mit ihren Fragen: »Wo kommst du her?«, »Warum geht es uns wegen dir so übel?«, »Was hast du angestellt?«

Ich erzählte ihnen, dass ich ein Hebräer bin und versuche, vor Gottes Auftrag davonzulaufen. Als sie das hörten, haben mich die Matrosen gefragt: Was sollen wir denn jetzt mit Dir machen, damit dieser schreckliche Sturm aufhört?« Weil ich auch keinen Rat wusste, habe ich zu ihnen gesagt: »Werft mich ins Meer, dann wird der Sturm sich legen!« Aber das trauten die Matrosen sich nicht. Sie wollten versuchen, an Land zu rudern. Doch sie kamen nicht voran, weil der Sturm immer heftiger wurde.

Wenig später hörte ich, wie der Kapitän mit seinen Leuten zu Gott betete: »Herr, rechne uns den Tod dieses Mannes nicht an. Tu Du mit ihm, was Dir gefällt.« Dann haben sie mich gepackt und über Bord geworfen. Ich schrie laut um Hilfe und dachte, mein Ende sei gekommen, als die Wellen über mir zusammenschlugen.

Ich bin mir nicht sicher, ob ich das alles wirklich erlebt oder nur geträumt habe. Als ich ins Wasser klatschte, zog mich ein starker Meeresstrom in die Tiefe, wirbelte mich so hin und her, dass ich jede Orientierung verlor und nicht mehr wusste, wo oben und unten war. Plötzlich hatte ich das Gefühl, durch einen engen Tunnel gesaugt zu werden. Nach kurzer glitschiger Fahrt plumpste ich in einen großen dunklen Raum voller kleiner Fische, Seetang, Schilf und Wasser. Wo war ich hingeraten? Hatte mich vielleicht ein riesiger Fisch verschluckt? War das alles nur ein böser Traum? Ich wusste weder aus noch ein und konnte vor Angst kaum einen klaren Gedanken fassen.

Die Zeit schien still zu stehen. Verzweifelt dachte ich über meine Situation nach. Ich hatte vor Gott davonlaufen wollen, um meine eigenen Wege zu gehen. So war ich in diese Situation geraten. Da begriff ich, dass niemand vor Gott davon laufen kann. Wohin auch? Ist er nicht überall, auch bei mir im Bauch des Fisches?

In meiner Angst rief ich zu Gott: »Herr, Du hast mich in die Tiefe geworfen, mitten ins Meer, dass die Fluten mich verschlangen. Wogen und Wellen gingen über mich. Wasser bedrohte mein Leben. Die Tiefe verschluckte mich, Schilf bedeckte mein Haupt. Ich sank hinunter zum Grund der Berge. Die Erde schloss sich hinter mir. Aber du rettest mein Leben aus dem Verderben.«

Dann schwanden mir die Sinne, aber mir war, als hätte der Fisch mich wieder ausgespuckt und die Wellen des Meeres mich an den Strand gespült.

Damit beendete Jona seinen Bericht. »Das ist eine unglaubliche Geschichte!«, meinte nachdenklich der Fischer Tobias, der Jona am Strand gefunden hatte. Beschwörend hob er die Hand und sagte: »Vor Gott kann man nicht davonlaufen.«

13 Die Weisen aus dem Morgenland
Matthäus 2

In der Nacht, in der Jesus Christus in Bethlehem geboren wurde, erstrahlte ein neuer Stern am Himmel, der aller Welt diese frohe Botschaft verkündete. Doch dann geschah etwas, was das Jesuskind und seine Eltern in größte Gefahr brachte. Von weit her kamen drei Fremde mit einer Karawane nach Jerusalem. Sie waren dem Stern gefolgt, um das Christkind zu besuchen und ihm Geschenke zu bringen.

»Hier muss es sein. Wir sind am Ziel unserer Reise«, sagte Balthasar zu seinen beiden Freunden. »Der Stern steht fast genau über dieser Stadt. Lasst uns zum Königspalast gehen. Dort werden wir den neu geborenen König finden.« Als sie an das große Tor pochten, öffnete die Palastwache missmutig. »Wer seid ihr? Was wollt ihr?« »Guten Abend«, antwortete Melchior höflich. »Wir wollen das neu geborene Königskind besuchen. Wir haben seinen Stern im Morgenland gesehen und wollen ihm Geschenke bringen.« »Davon weiß ich nichts«, murrte der Hauptmann, »aber ich werde es dem König melden.« König Herodes erbleichte, als er hörte, wen die Fremden suchten. »Ihr sucht den neuen König? Das ist interessant«, schmeichelte er. »Wo kann ich den Neuen finden, um ihn zu besuchen?«

»Ich bin Kaspar«, stellte sich der erste der drei Fremden vor, »und komme aus dem Morgenland. Als ich vor Wochen die Sterne beobachtete, um das Schicksal der Menschen zu deuten, entdeckte ich weit im Westen einen hell leuchtenden Stern, den ich noch nie zuvor gesehen hatte.

Tagelang durchsuchte ich alle gelehrten Bücher, um herauszufinden, was dieser neue Stern bedeuten könnte. Es gab nur eine Antwort: Der Stern kündete die Geburt eines besonderen Königs an. Weil ich aber nicht sicher war, beschloss ich, mich mit Melchior, dem berühmten Sterndeuter der Stadt Babylon, zu beraten. Nach langer, langer Reise erwartete mich dort eine weitere Überraschung. Unser gemeinsamer Freund Balthasar, der bekannteste Sterndeuter Afrikas, war ebenfalls nach Babylon gekommen, um mit Melchior über den neuen Stern zu sprechen. Gemeinsam beobachteten wir, dass der Stern weit im Westen immer an der gleichen Stelle am nächtlichen Himmel erstrahlte. Bald waren wir uns einig, dass er uns so den Ort anzeigen wollte, wo der neue König geboren worden war? So beschlossen wir, dem Stern zu folgen, um dem Kind Geschenke zu bringen.«

König Herodes hatte aufmerksam zugehört. Wenn er den neuen König aus dem Weg räumen wollte, musste er herausfinden, wo er zu finden war. Deshalb berief er die große königliche Ratsversammlung ein, um das Kind aufspüren. Das war ein Gedränge im großen Thronsaal. Ganz vorn zwischen den Ministern und Räten standen die drei Weisen. Ganz hinten warteten die Priester und Schriftgelehrten mit ihren heiligen Schriftrollen. Ungeduldig rutschte Herodes auf seinem Thron herum. Dann begann er: »Diese drei Männer sind von weither gekommen. Sie haben einen Stern gesehen, der die Geburt eines neuen Königs ankündigt. Ich weiß nichts davon. Deshalb habe ich diese Ratsversammlung einberufen. Sie soll für mich herausfinden, wo sich der Neue versteckt. Er soll mich möglichst bald kennen lernen!« Da begann ein hektisches Treiben. Die Räte und Minister redeten durcheinander und stritten sich, wie man am besten vorgehen sollte. Die Schriftgelehrten durchsuchten ihre Schriftrollen, weil sie hofften, irgendwo einen Hinweis auf die Geburt des neuen Königs, zu finden. »Ich glaube, ich hab's gefunden«, murmelte da der alte weise Tobias. Im Saal wurde es totenstill. »Nun spann uns nicht auf die Folter«, schimpfte Herodes, »und sag, was du weißt!« »Hier, im Buch des Propheten Micha«, begann Tobias; »steht: ›Du Bethlehem bist keineswegs die kleinste unter den Städten in Juda. Aus dir wird kommen der König, der meinem Volk ein guter Hirte sein wird.‹« »Und, ist das alles?«, polterte Herodes. »In Bethlehem soll das Kind geboren werden. Aber wo ist es jetzt?« – »Wir haben schon lange genug geschwätzt«, wandte sich der König an die drei Weisen. »Reist nach Bethlehem, und wenn ihr das Kind gefunden habt, meldet es mir, damit auch ich es besuchen kann.« In Wirklichkeit aber wollte Herodes das Kind umbringen lassen. Unwissend hatten die drei Weisen das Jesuskind in allergrößte Gefahr gebracht. Würde König Herodes durch sie das Kind finden?

Kaum hatten die drei Weisen das Stadttor von Jerusalem durchquert, sahen sie den Stern wieder am Himmel funkeln. Er leuchtete ihnen durch die dunkle Nacht und führte sie nach Bethlehem. In einem Stall fanden sie dort Maria, die das Jesuskind in ihren Armen wiegte, und Josef, der ein Feuer angemacht hatte, an dem sich alle wärmen konnten. Da wussten die drei Weisen, dass sie ihr Ziel erreicht hatten. Wie es im Morgenland üblich ist, fielen sie auf die Knie, um das Jesuskind zu ehren. Sie schenkten ihm Gold, wohlriechenden Weihrauch und köstliche Myrrhe und dankten Gott, dass er sie zu seinem Friedenskönig geführt hatte.

Nachdem sie sich Schlafen gelegt hatten, kam im Traum ein Engel zu Kaspar und befahl ihm: »Verratet nicht, wo ihr das Jesuskind gefunden habt. Der böse König will es töten. Macht einen großen Bogen um Jerusalem, wenn ihr in eure Heimat zurückkehrt.« Als Kaspar diesen Traum seinen Freunden erzählte, sagte Balthasar: »Auf mich hat Herodes von Anfang an keinen guten Eindruck gemacht!« Melchior schlug vor, lieber einen Umweg zu machen, als das Jesuskind zu verraten.

In der gleichen Nacht flüsterte ein anderer Engel Josef im Traum ins Ohr: »Steh schnell auf, nimm das Jesuskind und seine Mutter und flieh mit ihnen nach Ägypten.« Da nahm Maria das Kind in ihre Arme, und in dunkler Nacht flohen die drei in ein fremdes Land, wo sie Niemanden kannten. Als die drei Weisen am nächsten Tag nicht in den Palast kamen, wusste König Herodes, dass sie heimlich in ihre Heimat zurückgekehrt waren. »Kann man sich denn auf niemanden mehr verlassen?«, tobte er. »Die sollen mich kennen lernen! Jetzt löse ich das Problem auf meine Weise.« Und er befahl seinen Soldaten, in Bethlehem alle kleinen Jungen, die noch keine zwei Jahre alt waren, zu töten.

Wie froh waren alle, als der Bösewicht kurze Zeit später starb. Und wieder kam ein Engel im Traum zu Josef. »Ihr könnt nach Hause zurückkehren. Der böse König Herodes, der dem Jesuskind nach dem Leben trachtete, ist gestorben.« So wurde das Jesuskind durch himmlische Engel auf wunderbare Weise gerettet.

14 Der zwölfjährige Jesus im Tempel
Lukas 2

Als der kleine Jesus acht Tage alt war, trugen Maria und Josef ihn zum Tempel in Jerusalem, um ihn dort segnen zu lassen. Damit wollten sie Gott für das Geschenk danken, das er ihnen mit diesem Kind gemacht hatte.

Im Tempel kam aus einer dunklen Nische ein alter Mann zu ihnen. Er hieß Simeon, und auf seinem Gesicht lag ein freudiges Lächeln. Er nahm den kleinen Jesus auf seine Arme und sprach ein merkwürdiges Gebet: »Herr, nun kann ich in Ruhe sterben, denn meine Augen haben den Retter gesehen.« Dann segnete er das Kind und seine Eltern und ging davon. Schon am Eingang hatte Maria eine weise alte Frau gesehen. Als Simeon gegangen war, kam auch Hanna zu Jesus. Liebevoll streichelte sie das Kind, segnete es und lobte Gott, weil dieses Kind allen Menschen Gutes tun werde. Verwirrt gingen Maria und Josef nach Hause. Sie verstanden nicht, was Simeon und Hanna mit ihren Worten gemeint hatten. Der kleine Jesus aber wuchs heran, war fröhlich und gut zu allen Kindern und Tieren und auch zu seinen Eltern. Selten stritt er sich oder war zornig. Gern hörte er in der Synagoge, was die weisen Männer über Gott und die Menschen sagten. Das interessierte ihn. Bis eines Tages, als Jesus zwölf Jahre alt war, bei der Rückreise vom Passah-Fest in Jerusalem etwas Merkwürdiges geschah.

»Jesus, Jesuus, Jeeeesuuus!!! Wo der Junge nur steckt? Jakobus, wo ist denn dein Bruder? Hast du Jesus immer noch nicht gefunden?« »Neeiiiin, Jesus ist nicht hier. Ich weiß auch nicht wo er ist, hab ihn schon seit Jerusalem nicht mehr gesehen.«

Maria machte sich große Sorgen und fragte verzweifelt ihre Nachbarin: »Ester, hast du Jesus gesehen? Ich dachte, er wäre bei euch. Alle Kinder sind doch mit deinem Eselskarren zurückgekommen. Sie wollten doch zusammen mit dir und Ruben fahren. Wo Jesus nur steckt? Jetzt wird es auch schon dunkel.«

Was sollten Maria und Josef nur tun? Josef tröstete seine Frau und strich ihr sanft übers Haar. »Weine nicht, Maria«, sagte er: »Wir kehren sofort nach Jerusalem zurück. Unser Esel Hamor ist ja noch angespannt.« Maria und Josef aber hatten ihre Rechnung ohne den störrischen Hamor gemacht. Dem passte es überhaupt nicht, nach diesem langen Tag wieder loszutraben zu müssen. Er wollte den Karren nicht wieder über staubige Straßen und durch ausgetrocknete Täler ziehen, wo es keinen Grashalm und keine Quelle am Wegesrand gab. Deshalb blieb er einfach stehen und tat keinen Schritt. Er maulte sein »IA, IA« und tat so, als wisse er nicht, was von ihm verlangt wurde. Aber Josef kraulte ihm die langen Ohren und flüsterte ihm zu, dass sie Jesus unbedingt finden müssten. Denn wenn Jesus mit seinen zwölf Jahren auch schon groß war, so blieb er doch noch ein Junge und war nicht erwachsen. Ein Junge allein in einer großen Stadt, das ging doch nicht.

Nachdem Josef ihm noch ein bisschen duftendes Heu hingehalten und sein Maul gestreichelt hatte, trabte Hamor los. Nach einer langen Nacht rumpelten Maria und Josef bei den ersten Strahlen der aufgehenden Sonne mit ihrem Karren durch das mächtige Damaskustor hinein nach Jerusalem. Sofort begannen sie mit der Suche. Zunächst liefen sie zu der Herberge, in der sie während des Passahfestes gewohnt hatten. Aber Jesus war nicht dort. Niemand hatte ihn gesehen. War er im Basar bei den Händlern? War er wieder beim Siloah-Brunnen, in den man hinabsteigen konnte? War er an der Stadtmauer, wo die Kinder spielten? Alles suchten die beiden ab. Niemand hatte Jesus gesehen. Er war wie vom Erdboden verschluckt.

Als Maria und Josef Straße für Straße, Platz für Platz abgesucht hatten und ihn nicht fanden, wurden sie immer verzweifelter. Erschöpft ließen sie sich bei Hamor nieder, der friedlich vor sich hinkaute. Merkwürdig, es sah so aus, als blicke der Esel immer wieder zum Tempel, dessen goldene Zinnen in der Sonne funkelten. Sollte Jesus dort sein? Aber was wollte ein Junge im Tempel?

Trotz aller Bedenken gingen Maria und Josef schließlich doch zum Tempel. Ein wenig ängstlich waren sie schon, sich so nah an Gottes Wohnsitz heranzuwagen. Vielleicht würden sie auch wieder so merkwürdigen Leuten wie Simeon und Hanna begegnen, deren Rede sie nicht verstanden hatten. Aber bis in den Vorhof würden sie ja wohl kommen. Maria und Josef schritten durch die Reihen der Händler und hielten Ausschau. Hinter zwei Verkaufstischen erspähte Maria eine Tür, die mit einem Vorhang verhängt war.

Maria schob den Vorhang beiseite. Sie konnte nicht glauben, was sie sah: Da stand ihr Sohn am Rande des Kleinen Hofes in einer Säulenhalle und hielt eine Rede. Um ihn herum im Kreis saßen alte gelehrte Männer und hörten ihm aufmerksam zu. Sie sahen sehr nachdenklich aus. Jesus hatte wohl gerade etwas gesagt, über das sie bisher noch gar nicht nachgedacht hatten, obwohl sie doch so klug und weise waren. Einer kratzte sich am Kopf, als könne er nicht glauben, was dieser Junge da sagte. Ein anderer zupfte seinen Bart und nickte Jesus freundlich zu, und der Nächste wollte gerade vor Freude über das Gehörte in die Hände klatschen. Aber er traute sich dann wohl doch nicht, weil alte und würdige Lehrer nicht einfach losklatschen. Alle hörten neugierig zu, was dieser zwölfjährige Junge sagte.

»Jesus, was machst du denn hier?«, rief Maria glücklich und empört zugleich. Doch dann nahm sie ihren Sohn erst einmal in die Arme. »Dein Vater und ich haben dich überall gesucht«. Man sah Josef an, wie erleichtert er war, Jesus wieder gefunden zu haben. Doch auch er war etwas ärgerlich: »Wie konntest du uns nur so erschrecken? Seit Stunden suchen wir dich.«

Auch Jesus war froh, seine Eltern wieder zu sehen. Er löste sich aber aus den Armen seiner Mutter und sah sie mit einem Blick an, den Maria noch nie bei ihrem Kind gesehen hatte. Und dann sage er: »Ich verstehe eure Aufregung nicht, warum habt ihr mich denn gesucht?« Erstaunt sah Jesus seine Eltern an: »Wusstet ihr nicht, dass ich im Hause meines Vaters sein muss?« »Wie meinst du das?«, fragte Maria. Und auch Josef verstand nicht, was Jesus sagen wollte. Schon wieder hatten die Eltern im Tempel einen merkwürdigen Satz gehört. Diesmal vom eigenen Sohn. Nur einige der Lehrer, die Jesus zugehört hatten, lächelten still in sich hinein.

Froh, Jesus nun endlich gesund und wohlbehalten wieder gefunden zu haben, verflog Marias und Josefs Zorn sehr schnell. Weil sie Hamor ein wenig schonen und sich von den Aufregungen erholen wollten, blieben sie noch einen Tag in Jerusalem, ehe sie sich auf den beschwerlichen Heimweg nach Nazareth machten. Jesus bereitete seinen Eltern nach diesem Erlebnis in Jerusalem keinen Kummer mehr. Den Nachbarn in Nazareth aber fiel auf, dass Jesus, obwohl er noch so jung war, den Menschen, die ihm ihre Sorgen und Nöte erzählen wollten, lange geduldig zuhörte, Zeit für sie hatte und oft sogar helfen konnte.

15 Der Fischzug des Simon Petrus
Lukas 5

Ich bin Simon, den man Petrus nennt. Das heißt »Fels«. Sie nennen mich so, weil ich immer – oder fast immer – fest, wie ein Fels zu Jesus gehalten habe. Ich will euch erzählen, wie Jesus und ich Freunde geworden sind.

Ich war Fischer am See Genezareth. Das ist ein schöner Beruf. Die Fische sind groß und schmecken gut. Es ist aber auch ein harter Beruf. Die beste Zeit zum Fischen ist die tiefe Nacht. Wenn alle schlafen, fahren wir mit den Booten hinaus und versuchen unser Glück. Schon mein Vater, ja, mein Großvater war Fischer. Von ihnen habe ich gelernt, wo die besten Fischgründe im See sind. Trotzdem, etwas Glück gehört immer dazu. Nur zu oft haben wir die ganze Nacht unsere Netze ausgeworfen und keinen einzigen Fisch gefangen. So war es auch an dem Tag, von dem ich euch erzählen will. Schlecht gelaunt ruderten wir beim ersten Tageslicht zurück an Land. Wenn es hell wird, sehen die Fische nämlich die Netze und nehmen Reißaus.

Wir legen mit unseren Booten immer ein gutes Stück von der Stadt entfernt an. Dort ist es ruhiger und wir können unsere Netze ungestört flicken. An jenem Tag aber liefen so viele Menschen am Strand herum, dass ich fürchtete, sie würden auf unseren Netzen herumtrampeln. »Was ist los?«, fragte ich einen der Leute. »Weißt du nicht, dass Jesus hierher kommt, um vom Königreich Gottes zu erzählen?«, antwortete mir der. Nein, ich wusste es nicht und eigentlich war es mir auch egal. Ich hatte andere Sorgen. Wir mussten unsere Netze flicken.

Ich hatte schon von Jesus gehört. Man erzählte sich ja so einiges im Dorf. Er sollte ein guter Geschichtenerzähler sein.

So hing ich meinen Gedanken nach und versuchte, das Netz zu flicken, das letzte Nacht gerissen war. Da kam Bewegung in die Menge und die Leute drängelten und schubsten sich hin und her, so dass einige in des See zu fallen drohten. Dann sah ich Jesus.

Ohne Hast und ganz ruhig schritt er durch die vielen Menschen – geradewegs auf mich zu. Ich hab erst mal so getan, als sähe ich ihn gar nicht, und mich mit meinem Netze beschäftigt. Aber es hat nichts genutzt. Er stand vor mir und sah mich lange an: »Kannst du mich mit deinem Boot ein Stück auf den See hinaus rudern?« Ohne meine Antwort abzuwarten, ist er dann in mein Boot gestiegen.

Was sollte ich machen? Eigentlich war ich sauer. Wer ist hier der, der das Sagen hat? Wem gehört das Boot? Ihm oder mir? Doch dann habe ich gedacht: Er ist ein berühmter Mann, sicher zahlt er dir etwas für die kleine Bootsfahrt. Dann hast du einen Ausgleich dafür, dass du letzte Nacht nichts gefangen hast. Also habe ich ihn hinausgerudert.

Als wir eine oder zwei Bootslängen vom Ufer weg waren, hat Jesus zu reden begonnen. Aber ich muss zugeben, ich habe gar nicht zugehört. Wenn ich mit meinem Boot auf dem See bin, vergesse ich schnell alles um mich herum und beobachte die Oberfläche des Sees. Wo steigen Luftblasen auf, wo verraten kleine Wirbel und Wellen, dass dort Fische sind? Ich bin eben Fischer, und mein Beruf macht mir Spaß. Als Jesus seine Rede beendet hatte, habe ich ihn wieder ans Ufer gerudert. Dabei muss ich ihn so angeschaut haben, dass er gemerkt hat, ich wollte eine kleine Anerkennung. Schließlich hatte ich meine Zeit für ihn geopfert.

Jesus hat mich lange angesehen und dann gesagt: »Simon, fahre hinaus auf den See. Wo er tief ist, werft eure Netze zum Fang aus!« Auch das noch, habe ich zuerst gedacht. Da kommt so einer aus Nazareth, wo es weit und breit keinen See und keine Fische gibt, und will uns Ratschläge geben.

Wie will der den wissen, wo und wann man Fische fangen kann? Das hat mir gerade noch gefehlt. Doch Jesus hat mich so freundlich angesehen, dass ich nicht richtig böse werden konnte. »Meister«, habe ich deshalb geantwortet, »wir haben die ganze Nacht gearbeitet und nichts gefangen.« Eigentlich wollte ich noch sagen: »Und du verstehst doch überhaupt nichts vom Fischen!« Aber wie er mich so angesehen hat, kam etwas ganz anderes aus mir heraus: »Auf dein Wort hin will ich die Netze auswerfen«, hab ich gesagt. Ich konnte ihm einfach nicht widersprechen.

Kaum hatten wir die Netze im Wasser, da begann der See zu brodeln. Wir konnten es nicht glauben, das Wasser spritzte und schäumte auf, weil so viele Fische in unseren Netzen herumzappelten. Obwohl alle, die mit im Boot waren, aus Leibeskräften zogen, bekamen wir die Netze nicht ins Boot. Sie waren so voll, dass sie zu reißen drohten. Schnell war klar: Alleine würden wir das nie schaffen. Als ich mich nach Hilfe umblickte, sah ich Jesus am Ufer stehen, und ich glaube er hat mir zugewinkt. Dann haben wir die anderen Fischer um Hilfe gerufen. Gemeinsam konnten wir dann so viele Fische herausziehen, dass unsere Boote unter ihrer Last zu sinken drohten.

Erst an Land begriff ich, was geschehen war, und ein großer Schrecken kam über mich. Wer war dieser Jesus, dass er ein solches Wunder bewirken konnte? Ich stand vor ihm, und wieder sah er mich an. Und ohne das ich sagen könnte, warum ich das getan habe, fiel ich vor ihm auf die Knie. Angst hatte mich ergriffen, und ich glaube es ging allen so, die dabei waren. Mir war in diesem Augenblick plötzlich klar, dass Jesus »Gottes Sohn« ist. Jesus ist der, auf den unser Volk so lange gewartet hatte. Jesus ist der Messias, der Sohn Davids, der Heilige Gottes.

In mir ging alles durcheinander. Ich konnte keinen klaren Gedanken mehr fassen. Panik erfasste mich, weil ich nicht aus noch ein wusste. Ich wollte wegrennen, doch meine Beine versagten ihren Dienst. So lag ich vor ihm, konnte kaum ein Wort herausbringen und stammelte schließlich: »Herr, gehe weg von mir! Ich bin ein sündiger Mensch.«

Doch Jesus ist nicht gegangen. Er hat mir die Hand gegeben und mir wieder auf die Beine geholfen. Als er mich anschaute, hat er sicher gemerkt, wie durcheinander ich war. Ich konnte immer noch nicht begreifen, was ich erlebt hatte, warum mir plötzlich so klar und deutlich geworden war, dass Jesus von Gott kommt, dass ich in ihm Gott begegnet bin.

Ich kann es heute noch nicht richtig erklären, aber ich weiß es und glaube fest daran.

Und dann hat Jesus mich wieder lange angeschaut, meine Hand ergriffen und gesagt: »Fürchte dich nicht, Simon! Von nun an wirst du Menschen fischen!« Ich war so froh, dass Jesus mit mir sprach, dass ich die Worte erst gar nicht verstanden habe. Aber sie setzten sich in meinem Ohr fest, und ich habe sie immer wieder nachgesprochen: »Fürchte dich nicht! Von nun an wirst du Menschen fischen!«

Damals war das ein sehr geheimnisvolles Wort für mich, und ich konnte mir kaum erklären, was es bedeuten sollte. Aber eins wusste ich genau: Ich wollte in Zukunft mit Jesus gehen, ich wollte dabei sein, wenn er den Menschen von Gottes Königreich erzählte, und ich wollte ganz genau zuhören und nicht immer wieder von Fischen träumen, wie mir das beim ersten Mal auf dem See passiert war.

16 | Der Seesturm
Matthäus 8

Schon wieder wurden sie aufgehalten, Jesus und seine Begleiter. Petrus saß schon im Boot und verdrehte die Augen. Er seufzte laut: »Was wollen all die Leute immer nur von Jesus?!« Petrus rief Jesus ungeduldig zu: »Herr, komm schon, wir wollen heute noch über den See fahren, und gleich wird es dunkel.« Und er grummelte vor sich hin: »Ich frage mich, warum ich mich so beeilt habe, ins Boot zu kommen, und jetzt sitze ich hier in meiner nassen Hose herum und friere.«

Aber Jesus schien mal wieder alle Zeit der Welt zu haben. Er war ganz im Gespräch mit einigen Leuten vertieft. »Worüber quatschen die denn noch?«, fragte Petrus seinen Bruder Andreas, der gerade durchs Wasser zum Boot watete. »Ach«, winkte Andreas ab, »da sind einige hier aus der Gegend, die wollen bei uns mitmachen.« Da wurde Petrus richtig wütend. Es ärgerte ihn, dass ständig Leute hin zu Jesus strömten und ihn anfassen wollten. Aber am Schlimmsten fand er die Hartnäckigen, die in den Kreis der Jesusbegleiter aufgenommen werden wollten.

Als Jesus endlich mit den anderen Jüngern ins enge Fischerboot stieg, besserte sich die Stimmung von Petrus ein wenig. Er war froh, dass die Leute am Strand zurückblieben. »Herr«, rief er Jesus zu, »ich hoffe, du hast ihnen klar gemacht, dass es gar nicht so einfach ist, dein Jünger zu werden.« »Ja«, sagte Jesus, »mir nachzufolgen kann manchmal richtig schwer sein. Aber ihr wisst ja, mit Gottes Hilfe ist das möglich.«

Petrus dachte daran, wie er vor einigen Wochen sein eigenes Haus verlassen hatte. Seine Familie hatte nur mit dem Kopf geschüttelt. Das Leben war doch schwer genug für einen

Fischer, wie Petrus einer war. Mit seinen Brüdern fuhr er jeden Tag raus auf den See. Egal, ob es regnete oder ob es noch so stürmisch war. Jeden Tag mussten Fische gefangen werden. Davon lebte die Familie. Sie verstanden nicht, dass Petrus und sein Bruder Andreas alles aufgaben, um mit Jesus zu gehen. Nie wussten sie am Morgen, wo sie am Abend schlafen würden. Nie hatten sie Geld, um etwas zu essen zu kaufen. Sie verließen sich ganz auf Jesus.

Jesus wusste immer irgendwie eine Lösung. Und meistens passierte etwas Besonderes, wenn sie mit Jesus unterwegs waren. Auf jeden Fall hatten sie noch nie hungern müssen. Irgendwoher bekamen sie immer zu essen. Freundliche Mensche boten ihnen immer wieder am Abend einen Platz zum Schlafen an. So war das mit Jesus. Keiner machte sich Sorgen um den nächsten Tag. Bei Jesus fühlten sie sich sicher aufgehoben. Mit ihm unterwegs zu sein, das war, als ob einem die ganze Welt gehörte.

»Petrus! Hallo! Bist du am Träumen? Erst hetzt du uns, und jetzt sitzt du hier herum und starrst aufs Wasser«, hörte er seinen Bruder schimpfen: »Pack mit an. Du musst mitrudern, sonst kommen wir heute nicht mehr über den See. Es ist völlig windstill, und wir können unser Segel nicht setzen.«

Während Petrus und Andreas zusammen mit Jakobus und Johannes ruderten, hockte sich Jesus in die hintere Spitze des Bootes. Sie waren geübte Ruderer, und schon bald waren sie mitten auf dem See. Mit jedem Ruderschlag entfernte sich das Ufer und langsam wurde es dunkel.

Jakobus wollte gerade eine Laterne anzünden, als es plötzlich einen lauten Donnerschlag gab. Die Jünger zuckten vor Schreck zusammen. Dann wurde ihr Boot von einer Welle erfasst und empor gerissen. Die Jünger schrieen und purzelten durcheinander. Das einzige, was sie tun konnten, war, sich ins Boot zu werfen und sich mit beiden Armen an den Bänken festzukrallen. Das Boot wurde von den Wellen hin und her geworfen. Sturmböen peitschten Regen in ihre Gesichter und füllten das Boot mit Wasser.

Und wie sie so im Boot kauerten und um ihr Leben schrieen, sahen sie, dass Jesus im Bug lag und friedlich schlief. Da schrieen die Jünger: »Herr, rette uns, sonst sind wir verloren!« Doch Jesus schlummerte einfach weiter. Da entschloss sich Petrus, Jesus zu wecken. Mit einem Arm hielt er sich am Mast fest, weil Angst hatte, vom Sturm ins tosende Wasser geblasen zu werden. Mit dem anderen Arm rüttelte er heftig an Jesu Schulter. Da öffnete Jesus die Augen, und er sah Petrus an. »Herr«, rief dieser verzweifelt, »rette uns, wir gehen unter!« »Habt keine Angst«, sagte Jesus ganz ruhig, »was soll denn passieren? Ich bin doch bei euch!« Und er stellte sich auf im Boot und brüllte mit erhobenen Fäusten den Sturm an: »Gib Ruhe und verschwinde!« Sofort trat eine Windstille ein. Das Boot lag jetzt wieder flach im Wasser und hörte bald ganz auf zu schaukeln.

Die Jünger erhoben sich langsam und setzten sich erschöpft auf die Bänke. Sie konnten ihren Augen nicht trauen, und jetzt begannen ihnen erst richtig die Knie zu zittern. Ihnen wurde klar, dass sie eigentlich immer noch nicht richtig wussten, wer Jesus wirklich war. Natürlich hatten sie schon miterlebt, wie er Kranke heilte. Aber einem Sturm zu befehlen, das war doch völlig unmöglich! Das konnte doch nur Gott. War etwa Jesus Gott – hier bei ihnen im Boot?

Jesus konnte an ihren Gesichtern sehen, was die Jünger bewegte. Und er sagte: »Ich sehe, euer Glaube ist immer noch sehr schwach. Ihr hattet Angst, unterzugehen und zu sterben, obwohl ich bei euch war. Glaubt ihr etwa, dass ihr mir egal seid. Ich habe euch versprochen, dass ihr bei mir gut aufgehoben seid. Ich bin immer bei euch und beschütze euch. Was immer passiert, ihr werdet nie verloren gehen. Ihr gehört zu mir. Darauf könnt ihr euch verlassen.«

Als sie das hörten, wurden die Jünger wieder ganz ruhig. Und sie nahmen sich vor, in Zukunft an diese Worte Jesu zu denken. Welche Stürme es auch in ihrem Leben noch geben sollte, ab jetzt sollte es keiner mehr schaffen, sie in Angst und Schrecken zu versetzen. Mit diesem guten Vorsatz ergriffen Petrus und Andreas die Ruder und begannen, sie kraftvoll und gleichmäßig durchs Wasser zu ziehen. Sie wussten, das Leben ist voller Gefahren und Abenteuer. Und denen ruderten sie jetzt entgegen.

Zum Rhythmus der Schläge stimmte Petrus ein neues Lied an, und schon bald konnten es die anderen mitsingen:

Was immer auch kommt, wohin ich auch geh,
wen immer ich treff, egal wo ich steh:
Ich bin nie allein, weil einer mich trägt,
denn Gott hat gesagt: Ich werd bei dir sein.

17 Das verlorene Schaf
Lukas 15

Immer, wenn Jesus in eine Stadt oder ein Dorf kam, wollten ihn alle sehen, alle seine Geschichten hören. Da kamen die unterschiedlichsten Menschen zusammen. Junge und Alte, Männer und Frauen, Kleine und Große, Jungen und Mädchen, Reiche und Arme, Angesehene und Verachtete – und alle hofften, Jesus würde zu ihnen kommen.

Besonders die feinen und vornehmen Leute, der Dorfvorsteher, die Schriftgelehrten, die Reichen und die ganz Frommen dachten, dass Jesus seine Zeit zuerst einmal mit ihnen verbringen würde, und meinten, die anderen könnten ruhig warten. So waren sie es gewohnt und so sollte es ihrer Meinung nach auch bleiben.

Aber Jesus sah das anders. Es waren besonders die einfachen Leute, die Armen und Kranken, die Kinder und alle, um die sich niemand so recht kümmerte, die Jesus am Herzen lagen. Das hätten die Schriftgelehrten und die, die sich für besonders fromm hielten, ja vielleicht noch verstanden, aber dass Jesus sich auch mit Zöllnern und Menschen umgab, die sich nicht an die heiligen Gesetze hielten, das war zu viel! Die Zöllner waren schließlich bekannt dafür, dass sie den Menschen zu viel Geld abnahmen und jeden betrogen, wo immer sich ihnen eine Möglichkeit bot. Und mit solchen Leuten, mit denen kein anständiger Mensch etwas zu tun haben wollte, setzte sich Jesus an einen Tisch, aß und trank und redete bis spät in die Nacht mit ihnen.

In den Augen der Schriftgelehrten und Frommen war das unfassbar, und ebenso schlimm fanden sie Jesu Vorliebe für Menschen, die kein frommes Leben führten. Musste er sich gerade um die kümmern, ihnen Geschichten von Gott erzählen und so tun, als wären sie gute und geachtete Leute? Jesus wusste, dass die Frommen und Schriftgelehrten, die sich viel Mühe gaben Gott zu gefallen, so dachten, und erzählte ihnen deshalb diese Geschichte:

»Wer von euch«, begann er, »der hundert Schafe hat, würde nicht so handeln wie der Hirte, von dem ich euch erzählen will? Ein Hirte hatte eine sehr große Herde, für die er besonders gut sorgte. Jedes einzelne seiner Schafe war ihm ans Herz gewachsen. Er war dabei, wenn sie geboren wurden, kannte sie genau, seit sie ganz klein, verspielt und niedlich waren, und, wenn er sah, wie sie heranwuchsen, lachte sein Herz.

Manchmal machte er sich auch Sorgen. Er kümmerte sich um sie, wenn sie krank wurden, und beschützte sie vor Gefahren. Jederzeit konnten wilde Tiere oder Räuber seine Herde angreifen. Doch der Hirte war darauf vorbereitet. Er war geübt, seine Herde mit einer Steinschleuder und seinem Stock zu verteidigen.

So zog er tagaus, tagein mit ihnen durch das Land, immer auf der Suche nach gutem Futter und frischem Wasser. Und die Schafe kannten ihn, hörten auf seine Stimme und folgten ihm. Der Weg zur nächsten Weide war oft gefährlich. Er führte manchmal über steinige Berge, schmale Pfade oder an tiefen Schluchten vorbei. Der Hirte achtete darauf, dass sich keines seiner Schafe verletzte oder verlief.

Abends, wenn die Sonne langsam unterging und der Himmel immer dunkler wurde, führte er seine Herde zu einem durch Steine geschützten Gehege, dem Pferch. Damit er sicher war, dass keins seiner Schafe tagsüber verloren gegangen war, zählte er sie jeden Abend ganz sorgfältig, wenn er sie in den Pferch trieb.

Und dann geschah es. Obwohl er so gut aufgepasst hatte, fehlte eines Tages ein Schaf. Zunächst glaubte er, er habe sich an diesem Abend vielleicht verzählt. Der Tag war lang gewesen und beschwerlich, da konnte so etwas schon einmal passieren. Um aber ganz sicher zu gehen, trieb er die ganze Herde wieder aus dem Pferch und zählte seine Schafe zum zweiten Mal. Doch soviel er auch zählte, es half alles nichts.

Ein Schaf fehlte. Und wenn er es richtig sah, war es ein ganz kleines, das wahrscheinlich vom Weg abgekommen war und sich verirrt hatte. Was sollte er nun tun?

Konnte er denn die ganze Herde allein lassen und sie so großen Gefahren aussetzen, während er sich auf die Suche nach dem verlorenen Schäfchen machte? Was würde geschehen, wenn ein Wolf, ein Bär, andere wilde Tiere oder gar Räuber und Diebe sich an die Herde heranmachten? Aber er wusste, dass er das verloren gegangene Kleine nicht im Stich lassen konnte. Denn große Gefahren lauerten überall. Eilig schloss er die Tür des Pferchs und machte sich auf den Weg. Es war bereits dunkel geworden. Der Hirte ging immer weiter in die Nacht hinein. Er lief den Weg zurück, den er mit der Herde am Tag gezogen war. Er stieg über schroffe Felsen und durchquerte tiefe Schluchten. Er schaute hinter jeden Busch und jeden Strauch. Es war eine beschwerliche Suche, denn hinzu kam, dass er fürchtete, das verlorene Kleine bei der Dunkelheit nicht rechtzeitig zu finden. Immer wieder blieb er stehen, um nach seinem Schäfchen zu rufen. Dann hielt er inne, um zu lauschen, legte eine Hand an sein Ohr, um ja keinen Laut zu überhören. Aber er bekam keine Antwort. So wuchs seine Sorge um das Schäfchen von Minute zu Minute, von Schritt zu Schritt.

Doch plötzlich hörte er etwas, nur ganz schwach. War das nicht sein Schaf? Schnell ging er in Richtung des kläglichen Blökens. Und da sah er auch schon sein Schäfchen. Er hatte es wiedergefunden! Es hatte sich in den Felsen verlaufen und konnte weder vorwärts noch rückwärts. Er stieg zu ihm hinauf und streichelte ihm über das Fell. Voller Freude legte er sich sein Schaf auf die Schultern und machte sich auf den Heimweg. Der Hirte trug das Schäfchen den ganzen langen Weg zurück bis zum Pferch. Aber seine Freude war so groß, dass er alle Anstrengungen darüber vergaß. Glücklich kam er am Morgen wieder bei seiner Herde an, die ohne ihn ausgeharrt hatte. Nun waren sie wieder alle beisammen.

Der Hirte freute sich so sehr, dass er all seine Freunde und Nachbarn zu sich rief und sagte: ›Freut euch mit mir, denn ich habe mein Schäfchen wieder gefunden, das verloren war.‹«

Die Geschichte gefiel Jesu Zuhörern sehr gut und sie dachten, so ist es: Jeder, der etwas verloren hat, freut sich, wenn er es wieder findet.

Aber Jesus hatte seine Erzählung noch nicht beendet. Er musste seinen Zuhörern noch etwas Wichtiges erklären:

»So, wie sich der gute Hirte über das Schäfchen, das er wieder gefunden hatte, mehr freute als über seine ganze Herde, so freut sich Gott über einen Menschen, der vom Weg abgekommen war und wieder zurückgefunden hat. Er freut sich darüber mehr als über die anderen, um die er sich nicht sorgen muss.«

18 | Der verlorene Sohn
Lukas 15

Wie ist das mit Gott und seinen Kindern? Wie ist das mit diesen Kindern untereinander? Jesus erzählt dazu eine Familiengeschichte, die Geschichte vom »Verlorenen Sohn«.

In ihr kommt ein Vater vor und zwei Söhne, und gewiss gibt es auch eine Mutter, aber die wird seltsamerweise nicht erwähnt. Die Geschichte spielt auf dem Lande, es gibt einen landwirtschaftlichen Betrieb und es gibt Arbeit im Stall und auf dem Feld; zwar sind da auch Knechte und Mägde, die bei der Arbeit helfen, dennoch bleibt für die beiden Brüder genug zu tun.

Von morgens bis abends geht es so, Tag für Tag; alles ist zunächst wie immer – bis eines Tages der jüngere Sohn eine Entscheidung trifft, mit der alles anders wird. Er geht zu seinem Vater und lässt sich sein Erbe auszahlen, er sagt: »Gib mir alles Geld, das mir zusteht.« Und so geschieht es. Der Vater sagt kein Wort, er zahlt, er gibt das Geld.

Natürlich haben die Nachbarn davon erfahren: »Was für eine Frechheit!«, sagen sie. »Was nimmt der Junge sich da heraus! Der sollte sich seinen älteren Bruder zum Vorbild nehmen. Der ist fleißig und strebsam!« Aber es gibt auch andere Stimmen unter den Nachbarn: »Er tut doch nichts Rechtswidriges; er ist volljährig; hier auf dem Lande hat er doch keine Chancen für seine Zukunft.« Ob der junge Mann mitbekommt, was da über ihn geredet und geklatscht wird? Wir wissen es nicht; wir wissen nur, dass er sich auf die Reise in ein fernes Land vorbereitet, dass er vorher noch erledigt, was zu erledigen ist.

Dann tritt er die Reise an. Das große Abenteuer beginnt. Und wirklich, es ist eine neue Welt, in die er eintritt – eine glitzernde, große Stadt mit ungeahnten, verführerischen Möglichkeiten. Der junge Mann greift zu, noch hat er Geld, und alles geht gut, solange das Geld reicht.

Lange Zeit bemerkt er es gar nicht, wie es mit ihm abwärts geht. Eines Tages kennen seine Freunde ihn nicht mehr, Hunger stellt sich ein, es bleibt ihm keine Wahl, er muss die niedrigste Arbeit annehmen, die sich denken lässt: Er wird Schweinehüter – eine Arbeit, mit der er auch noch gegen die Gesetze seiner Religion verstößt, denn sie gilt als »unrein«. Es dauert schon eine Weile, bis man ganz am Ende ist, bis einer völlig abgebrannt ist, bis gar nichts mehr geht.

»Was kann ich denn jetzt noch tun? Weitermachen wie bisher? Das Geld ist weg. Etwas ist schiefgelaufen. Gern würde ich anderen die Schuld geben, aber es lag an mir: die falschen Freunde, das Geld mit vollen Händen aus dem Fenster geworfen. Und wenn ich nach Hause ginge, zurück zu den Eltern? Warum nicht sagen: Ich habe die Chance verspielt, die ich hatte?«

Eines Tages ist es dann wirklich soweit. Der jüngere Sohn macht sich auf den Weg zurück nach Hause. Die Reise zieht sich hin, der Weg fällt schwer, die Gedanken kommen und gehen und lassen sich nicht abschütteln: »Was wird mich erwarten? Was wird der Vater sagen?«

Immer näher kommt der Heimkehrende dem Dorf, in dem er geboren wurde; immer drängender wird auch die Frage: »Was werde ich dem Vater sagen?« Vielleicht, dass der junge Mann (so »jung« sieht er gar nicht mehr aus) es satt hat, herumzureden, Ausflüchte zu machen oder zu lügen. Denn dies ist, was er sich vornimmt, er wird sagen: »Vater, ich habe Fehler über Fehler gemacht; jetzt brauche ich wirklich deine Hilfe.«

Und der Vater? Der jüngere Sohn war für ihn ein »verlorener Sohn«. Nie hatte ihn eine Nachricht erreicht. Er wusste nicht einmal, ob er noch lebte oder schon längst tot war. Tag für Tag hatte er seinen älteren Sohn vor Augen, den unermüdlich Tätigen, den Fleißigen, seinen braven Sohn. Und dann sieht er den anderen Sohn kommen, den jüngeren, den Weggegangenen, den, der verloren, längst tot schien. Noch ist der weit entfernt, kaum zu erkennen. Doch der Vater weiß, dass er es ist. In diesem Augenblick lässt er alles stehen und liegen, er springt auf und eilt – sein Alter vergessend – dem Sohn entgegen und umarmt ihn – kaum dass der Heimkehrer dazu kommt zu sagen, was er sich vorgenommen hatte; dann sagt er es doch: »Vater, was ich getan habe, war falsch.« Und dann sagt er noch etwas, das er sich nicht vorgenommen hatte. Er fragt: »Vater, hast du mich noch lieb?«

Man kann Fragen auch anders als durch Worte beantworten. Dieser Vater jedenfalls zeigt dem Sohn, dass er nie aufgehört hat, ihn lieb zu haben. Er schenkt ihm neue Kleider und Schuhe, er gibt einen kostbaren Ring dazu und er richtet ein rauschendes Fest aus: »Der verlorene Sohn ist wieder da«, sagt er: »Er schien tot und ist wieder lebendig geworden. Jetzt fehlt nichts mehr.«

So endet die Geschichte des jüngeren Sohnes – des Kindes, dessen Start ins Leben, dessen Leben missglückt war. Aber zur großen Freude des Vaters hat es zurückgefunden und der Vater hat es ohne zu zögern wieder in seine Arme geschlossen. So ist er nun mal. Und damit beginnt eine zweite Geschichte. Oder haben wir vergessen, dass es noch einen zweiten Sohn gab? Den braven und fleißigen Sohn, den, der zu Hause geblieben war, und der immer getan hat, was der Vater wollte.

Wie das auch in ganz normalen Familien bei Brüdern und Schwestern der Fall ist: Bekommt der eine etwas geschenkt, ruft der andere: »Was ist mit mir? Bekomme ich etwa nichts?« So muss wohl auch der ältere Sohn gefühlt haben. Er hatte den ganzen Tag auf dem Felde gearbeitet, müde kommt er abends nach Hause – und was sieht er schon von weitem?

Musik klingt ihm entgegen, es wird gesungen und getanzt. Er weiß nicht einmal, was los ist; er muss erst einen der Arbeiter fragen: »Ihr Bruder ist wieder da«, sagt der, und: »Ihr Vater gibt ihm ein rauschendes Fest.« In diesem Augenblick verliert der ältere Bruder die Fassung; er gerät aus dem Häuschen, er wird zornig: »Mit mir nicht«, denkt er, »lass sie doch feiern, solange sie wollen; aber nicht mit mir.«

Das Fest ist im vollen Gange, aber der Vater muss etwas gemerkt haben, denn er geht hinaus ins Freie – und dann sprechen die beiden miteinander: »Dieser Hallodri, mein weggelaufener Bruder, der die Arbeit im Stich ließ, um sich in der Welt herumzutreiben. Das ist nicht gerecht!«

In der biblischen Geschichte, die ich euch erzähle, versucht der Vater alles, um den älteren Sohn zu beruhigen. »Kannst du dich nicht mitfreuen?«, fragt er. Wahrscheinlich ist es dafür noch viel zu früh. Zuvor müssten erst einmal die beiden Brüder mit einander sprechen. Ob sie das tun werden? Am Tag nach dem großen Fest? Morgens, wenn sie wieder, wie früher, gemeinsam an die Arbeit gehen? Das wäre dann die dritte Geschichte. Von ihr sagt die Bibel kein Wort. Ob sie wohl doch stattgefunden hat?

19 Jesus und die Kinder

Lukas 18

Jesus war mit seinen Jüngern auf dem Weg nach Jerusalem. Dort wollten sie im Tempel beten und wie jedes Jahr das große Passah-Fest der Befreiung feiern. Alle Menschen in Israel freuten sich darüber, dass Gott ihr Volk vor vielen hundert Jahren aus der Gefangenschaft in Ägypten befreit hatte. In der Wüste hatten sie durch Mose die Zehn Gebote als gute Regeln für ihr Leben erhalten.

Unterwegs kamen viele Menschen zu Jesus. Kranke suchten Heilung, andere Trost oder Antworten auf schwierige Fragen, wie z. B.: »Es heißt ja in den Zehn Geboten: ›Du sollst eine Ehe nicht brechen.‹ Was aber, wenn zwei Menschen tatsächlich nicht mehr miteinander leben können. Wird Gott es dann trotzdem erlauben, dass sie sich voneinander scheiden?«

Jesus wusste: Gott hat uns die Gebote als gute Regeln gegeben, die uns helfen sollen. Wenn es aber die Not erfordert, kann es nötig sein, einem völlig zerstrittenen Ehepaar die Scheidung zu erlauben. Ja, aber wann ist es erlaubt und wann muss man streng sein? Das ist nicht so leicht. Die Gelehrten diskutierten oft Stunden lang mit Jesus.

Heute waren es zwei Jünger, die nicht mit dem einverstanden waren, was er den Leuten erklärt hatte. Gerade hatten sie Jesus überredet, doch für heute schon Rast zu machen.

Sie saßen in der Abendsonne unter einem dichten Feigenbaum. Unzufrieden wandte Petrus ein: »Warum lässt Gott es überhaupt zu, dass Menschen sich immer wieder streiten oder gar verletzen?« Versunken ins Gespräch hatten die drei gar nicht gemerkt, wie eine Schar von Kindern mit ihren Müttern herbeigekommen war. Bis ihn plötzlich ein kleiner Junge von hinten am Gewand zupfte und sagte: »Hallo Jesus, schau mal, mein kleiner Bruder hat eine ganz komische Haut. Kannst du ihm helfen?«

Kaum hatte sich Jesus umgedreht, da sprang auch schon eins der Kinder auf seinen Schoß und drückte sich an ihn: »Jesus, meine Mama und ich haben dich lange gesucht; da drüben kommt sie gleich mit meinem Schwesterchen. Das ist schon lange krank und weint immer …« Jesus stellte den Kleinen auf seinen Schoß. Dann wandte er sich all den anderen freundlich zu und rief: »Wie schön, dass ihr alle gekommen seid, um mich zu besuchen. Wollen wir miteinander spielen oder soll ich euch was vorsingen?«

Da hielten es die beiden Jünger nicht mehr aus. »Das kann doch wohl nicht wahr sein«, beklagten sie sich: »Wir sind endlich mal mit den entscheidenden Fragen unserer Religion befasst und brauchen dringend deine Antwort. Und dann fängst du einfach an, mit Kindern herumzutollen. Bleib doch endlich mal bei der Sache – die können doch nachher mit dir spielen …« Und auch der andere Jünger, Johannes, herrschte die Kleinen an: »Jetzt reicht's aber! Kinder haben kein Recht, sich einfach so an unseren Meister heran zu schleichen. Wartet gefälligst, bis ihr dran seid!«

»Nein!«, sagte ihm da Jesus direkt ins Gesicht, »so sollst Du nicht reden. Jetzt gehen die Kinder vor! Diese Kleinen kommen nicht noch einmal. Schaut doch mal hin. Ist das nicht wunderbar, wie diese Kinder um die Hilfe bitten, die sie brauchen?

Sie überlegen nicht zehn Mal hin und her, ob sie mich fragen sollen. Sie kommen einfach und sagen: ›Wir brauchen deine Hilfe!‹ Von so einem Vertrauen können wir Großen uns noch eine Scheibe abschneiden. Auch wir sollen genauso direkt und voller Erwartung Gott um alles bitten, was wir brauchen. Er wendet sich uns zu, auch wenn wir nicht gleich alles kriegen, was wir wollen. Kommt Kinder, lasst euch nicht abhalten. Und ihr Mütter, bringt eure Kleinen, damit ich sie segnen und ihnen helfen kann!«

Dann kamen sie alle zu ihm. Ein Mädchen brachte sogar seinen kranken Esel und sagte: »Du bist doch wie ein Arzt, den Gott zu uns geschickt hat. Kannst du Gott nicht bitten, dass er meinen Lieblingsesel gesund macht. Ohne ihn können wir kein Wasser mehr vom Brunnen holen.« Es kam auch ein Kind und brachte Jesus zwei kleine Murmeln aus

Ton und sagte: »Hier, diese Klicker schenk' ich dir!« Wieder andere brachten ihre Geschwister, damit auch die Jesu segnende Hand auf ihrem Kopf oder auf der Schulter spüren konnten. Denn sie wussten alle: Dieser Mensch hat Zeit für uns und weiß, was wir auf dem Herzen haben.

Selbst ihre Eltern, die erst einmal etwas scheu gewartet hatten, trauten sich nun näher heran. Ob er wohl auch ihre Sorgen und Wünsche anhören würde und Rat wüsste? Oder ihnen einfach nur ein ganz ruhiges Herz geben könnte – und die Gewissheit: Gott lässt mich nicht allein, auch wenn ich einmal etwas falsch gemacht habe. Er fragt nicht zuerst nach meinen Fehlern, sondern nach meinen großen Zielen. Er will, dass ich andere glücklich mache.

Am nächsten Morgen beim Waschen am Brunnen merkte Jesus, dass die Jünger ihm immer noch nicht verziehen hatten. Sie konnten ihm gar nicht richtig in die Augen schauen.

»Na«, sprach er sie daraufhin an, »was meint ihr denn, was diese Kinder und ihre Eltern gestern über Gott ihren Schöpfer gelernt haben?« »Wie bitte«, drehte sich Petrus verduzt um, »hast du ihnen denn eine Geschichte erzählt? Das haben wir gar nicht mitgekriegt … Irgendwie waren wir gestern Abend taub und blind …« »Richtig, Johannes«, sagte Jesus. Er legte den Arm auf seine Schulter und meinte: »Weißt du, die Worte allein und die Geschichten sind es ja nicht, die unser Leben verändern. Aber dass wir uns Menschen zuwenden, die von uns etwas erwarten und ihnen gern geben, was uns Gott geschenkt hat – darauf kommt es an!«

Dann erzählte er seinen Jüngern, was er alles Lustiges mit den Kindern am Vortag erlebt hatte – und auch vom Traurigen sprach er. Sie merkten bald: Die Begeisterung dieser Kinder brauchen wir auch. Und ihre Fragen, die waren mindestens so wichtig wie unsere.

»Nun lass uns weiterziehen nach Jerusalem«, sagten sie. »Wir freuen uns auf das große Fest der Befreiung.«

20 Der blinde Bartimäus
Lukas 18

Hier am Eingang zur Stadt Jericho lebte Bartimäus. Sein Name hatte in der Sprache Israels die Bedeutung: Sohn des Timäus. So wussten alle Bewohner der Stadt, zu welcher Familie er gehörte. Und doch saß Bartimäus hier tagaus tagein am Wegesrand – mutterseelenallein. Selten bewegte er sich fort von dieser Stelle. Er konnte nämlich nicht sehen, obwohl seine Augen meisten weit offen standen: Bartimäus war blind. Das konnte jeder sehen.

Bartimäus war nicht unzufrieden mit seinem Leben. Augenärzte, Optiker und Brillengeschäfte kannte man damals noch nicht. Er war eben blind geboren. Das konnte man nicht ändern. Zumindest fiel er seinen Eltern nicht zur Last. Und so war Bartimäus ein bisschen stolz darauf, dass er selbst für seinen Lebensunterhalt sorgte: Er bettelte. Was sollte er auch sonst machen? Immerhin hatte sich Bartimäus einen ziemlich guten Platz zum Betteln ergattert – hier kurz vor dem Stadttor. Denn hier kamen alle Reisenden vorbei, die auf langen Fußmärschen von Stadt zu Stadt unterwegs waren, um Jerusalem zu erreichen. Das war die Hauptstadt und dort gab es den großen Tempel. Über die Jahre hatte Bartimäus ein ziemlich gutes Gehör entwickelt. Und schon von weitem konnte er erkennen, ob da eine große oder kleine Reisegruppe nahte, oder ob es sich um einen einsamen Wanderer handelte.

Bartimäus konnte sogar zwischen Reichen und Armen unterscheiden: Die Reichen führten meistens Esel mit – vollbepackt mit Kostbarkeiten. Die meisten aber war arm – fast so arm wie Bartimäus. Die trugen billige Sandalen aus Stoffresten oder liefen gleich barfuss. Und es hört sich einfach anders an, ob jemand ohne Schuhe oder mit festem

Lederschuhwerk auftritt. Kam ein Reicher, so hielt ihm Bartimäus seine rechte Hand ausgestreckt entgegen. Dabei rief er: »Herr, zeige Erbarmen mit mir!« Obwohl die reichen Händler meistens nichts gaben und so taten, als hätten sie die Rufe des blinden Bettlers nicht gehört, gab doch Bartimäus die Hoffnung niemals auf. Im Grunde überlebte er von dem, was ihm die vorbei ziehenden Bauern und Straßenhändler zusteckten: ein bisschen Fladenbrot hier, ein paar Oliven dort, und wenn's hoch kam, einige verschrumpelte Fischköpfe. Das Herz aber ging Bartimäus auf, wenn mal jemand stehen blieb und sich mit ihm unterhielt. Besonders freute er sich darüber, Neuigkeiten aus der Ferne zu erfahren. Manchmal war er der erste der Stadt, der die neuesten Nachrichten aus dem Norden oder Süden des Landes hörte: Zeitungen, Radio oder Fernsehen gab es damals ja nicht.

Und so ahnte Bartimäus an diesem Nachmittag schon, wer sich da näherte. Den Fußtritten und den immer näher kommenden Unterhaltungen entnahm er sofort, dass es sich um mindestens ein Dutzend Reisende handeln musste. Da war kein Lasttier dabei. Die Leute trugen einfache Sandalen oder gingen barfuss. Hier und da stieß ein Wanderstock in den Lehmboden. Aha, und jetzt, da diese Reisenden schon fast auf seiner Höhe waren, erkannte Bartimäus an ihrer Aussprache: Die waren nicht von hier. Die kamen von weit her. Aus dem Norden, aus Galiläa. Konnte es also sein, dass *sie* es waren – Jesus und seine Anhänger?

Bartimäus hatte schon vor einigen Tagen gehört, dass Jesus und seine Freunde sich auf den Weg nach Jerusalem gemacht hatten. Und da mussten sie genau hier an Bartimäus vorbei kommen. »Ja, das könnten sie sein«, durchfuhr es Bartimäus. Ganz aufgeregt fragte er die ersten, die an ihm vorbei zogen: »Sagt mal Brüder, mit wem seid ihr da unterwegs?«, und seine Stimme zitterte dabei. »Mit Jesus, dem Mann aus Galiläa«, hörte er jemanden mit einem starken nördlichen Akzent antworten.

Da platzte es aus Bartimäus heraus: »Jesus, du Sohn Davids, hab Erbarmen mit mir!« Sein Gesprächspartner von eben schimpfte: »Mensch, halt die Klappe!« Aber Bartimäus war nicht zu stoppen. Er wusste selbst nicht, was über ihn gekommen war. Geld gab es hier nämlich nicht zu holen. Das war ihm schon klar. Und trotzdem schrie er jetzt umso lauter: »Sohn Davids, hab Erbarmen mit mir!« Das konnten jetzt wirklich alle hören. Einige der Begleiter Jesu verdrehten die Augen. Am liebsten hätten sie dem Bettler den Mund zugehalten. »Kann man denn niemals seine Ruhe haben?! Nie kann man sich ungestört mit dem Meister unterhalten. Immer gibt es irgendwelche Nichtsnutze, die was von Jesus wollen.« Diese Gedanken gingen den Jüngern durch den Kopf. Aber sie ahnten schon: Jesus kann man nicht für sich behalten. Und so wunderte sie sich auch gar nicht darüber, dass Jesus auf einmal stehen blieb. Er rief Bartimäus zu sich.

Und der sprang sofort auf. Als ginge es um sein Leben, warf er sich seinen stinkenden und zerfetzten Bettlermantel von der Schulter. Dann rannte er die paar Meter hin zu der Stelle, wo er Jesus vermutete. Halbnackt stand Bartimäus nun vor Jesus. Wie sehr wünschte er sich jetzt, Jesus sehen zu können! Ihn, über den er so viel Gutes gehört hatte: Dass Jesus Menschen aufrichtete, die am Boden zerstört waren. Dass er Halt gab. Dass er tröstete und manchmal sogar heilte – wie sonst nur noch der liebe Gott. Jetzt, auf einmal, so ganz nah bei Jesus, wusste Bartimäus, dass *hier* sein Platz war – und nicht im Strassendreck. Und so war es ihm ganz klar, was er wollte, als Jesus nachfragte: »Was genau kann ich für dich tun?« »Herr«, sagte Bartimäus mit jetzt ruhiger und fester Stimme, »dass ich sehen kann.« Und so sprach Jesus die Worte, die Bartimäus sein ganzes Leben niemals vergaß: »Dann sollst du sehen können. Es ist dein Glaube, der dich gerettet hat.«

Und Bartimäus sah auf einmal alles um sich herum ganz deutlich und klar: Jesus vor ihm, umgeben von jungen Männern und Frauen. Dort am Straßenrand erkannte er die Stelle, wo er jahrelang gehockt hatte. Da lag noch sein alter Mantel im Staub – wie eine Hülle, die Bartimäus abgestreift hatte. Und Bartimäus rief, nein er sang diesen Satz immer wieder:

»Lieber Gott, ich danke dir, dass du bei mir bist,
dass du alle Menschen liebst und mich nicht vergisst,
dass du alle Menschen liebst und mich nicht vergisst.«

Und alle jubelten und freuten sich mit Bartimäus. Mit diesem Lied auf den Lippen zogen Jesus und seine Leute weiter – Richtung Jerusalem. Bartimäus hatte die Nähe Gottes gespürt. Ohne sich noch einmal umzublicken, machte er sich mit Jesus auf den Weg. Bartimäus war so voll Freude, dass ihm gleich noch ein anderes Lied einfiel:

»Jesus stopp, geh nicht vorbei! Jesus ich will bei dir sein.
Ich hab gehört, du kommst hierher.
bleib mal stehn, ich will mehr von dir.«

21 | Zachäus
Lukas 19

Alle Kinder spielten auf der Straße fangen. Nur Michal, die kleine Tochter des Zöllers Zachäus, stand traurig an der Ecke und schaute zu. Keiner wollte mit ihr spielen. Langsam ging sie nach Hause. Ihre Mutter fragte sie, was los sei.

»›Mit Zöllnerkindern spielt man nicht‹, sagen sie. Wir seien keine guten Menschen, weil Vater für die römischen Besatzer das Geld eintreibe. Sogar den Armen nähme er den letzten Cent ab«. Wieder einmal spürte die Familie, dass die Menschen böse auf die Zöllner waren. Keiner wollte mit ihnen etwas zu tun haben. Sie wurden auf die gleiche Stufe gestellt wie Bettler und Sünder.

Noch während die Mutter versuchte, die Tochter zu trösten, kam Zachäus aufgeregt ins Haus: »Habt ihr schon gehört, wer in die Stadt kommt? Hört ihr den Lärm auf der Straße? Alle wollen den Mann sehen, von dem so viele wunderbare Dinge erzählt werden. Kommt mit, wir wollen doch mal sehen, ob dieser Mann wirklich etwas Besonderes ist!«

Draußen vor dem Haus herrschte dichtes Gedränge. Alle waren auf den Beinen, alle wollten einen Blick auf Jesus und seine Jünger erhaschen. Michal konnte sich leicht durch die Menge drängen, sie war ja ein Kind. Aber bei Zachäus war das ganz anders. Die Leute ließen ihn nicht durch, drängten ihn gar zurück und fingen an zu schimpfen: »Du hier? Was willst du denn? Versteck dich lieber, damit Jesus dich nicht sieht. So ein schlechter Mensch wie du ist für die ganze Stadt eine Schande. Mit dir will keiner was zu tun haben. Geh weg!«

Als Michals Mutter das hörte, wurde sie ganz blass und ging gleich wieder zurück ins Haus. Aber Zachäus ließ sich nicht entmutigen. Er wollte Jesus sehen. Nur, wie sollte er das anstellen? Ganz hinten konnte er nichts sehen, weil er so klein war, und nach vorne ließ ihn keiner durch.

Da hatte er eine Idee und rannte los. Weiter unten in der Straße standen hohe Bäume. Er nahm all seinen Mut zusammen und kletterte mühsam auf einen Baum. Es war schon lange her, dass er als Junge auf einen Baum geklettert war. Jetzt fiel ihm das ganz schön schwer, und fast hätte er es nicht geschafft. Aber von dort oben hatte er die beste Sicht. Und keiner konnte ihn vertreiben.

Von dort konnte Zachäus gut sehen, wie Jesus von vielen Menschen umringt wurde. Manche wollten ihn wenigstens berühren, weil sie glaubten, dass das Glück und Gesundheit brächte. Ganz dicht neben Jesus standen die wichtigsten Männer der Stadt. Sie alle wollten mit ihm reden. Einer hatte sogar ein Festessen bei sich zu Hause vorbereitet.

Und Zachäus konnte sehen, wie Jesus seiner Tochter über den Kopf streichelte. Vor Freude und Überraschung zappelte er so sehr auf seinem Baum herum, dass er beinahe heruntergefallen wäre.

Seine Tochter Michal aber rannte glücklich nach Hause und berichtete ihrer Mutter, dass Jesus sie über den Kopf gestreichelt habe. »Jesus hat auch Zöllnerkinder lieb!«, freute sie sich. Auch die Mutter freut sich mit ihrer Tochter, aber ein bisschen traurig war sie doch. Zu gerne hätte sie selbst herausgefunden, was das war, das Jesus so berühmt machte. Und während sie noch darüber nachdachte, ging die Tür auf und Zachäus kam nach Hause und mit ihm viele andere Männer.

»Da ist ja Jesus«, rief Michal, »wie kommt der denn hierher?« Das ganze Haus geriet in Aufregung, denn Zachäus wollte ein großes Festessen zubereiten lassen: Der beste Wein sollte aus dem Keller geholt werden, aus der Speisekammer wurden Köstlichkeiten herbeigebracht, süße Früchte, Käse, frisches Brot und bestes Fleisch wurde gebraten.

Michal aber wollte unbedingt wissen, wieso Jesus ausgerechnet zu ihnen kam, zur Familie eines Zöllners, den alle verachten. Das war so«, erzählte da Petrus, »als wir die Straße hinab gingen, da sah Jesus, wie ein paar Beine in einem

Baum herumzappelten. Das sah lustig aus und er schickte mich hin, nachzusehen, wer das denn wäre. ›Wer bist du, was machst du?‹« »Und ich habe ihm geantwortet«, wandte Michals Vater ein: »Ich bin der Zöllner Zachäus und möchte Jesus sehen!« »Da hat Jesus gesagt: ›Komm schnell runter Zachäus‹«, erzählte der Vater weiter, »und als ich unten war und ganz atemlos vor ihm stand, hat er mich ganz lange angesehen und gesagt: ›Zachäus heute will ich dein Gast sein!‹« »Na«, meint da Petrus, »einigen hat das gar nicht gefallen, sie denken Jesus müsse zuerst zu den Frommen und vornehmen Leuten kommen. Deshalb haben sie sich richtig geärgert und gemurrt.« »Aber Jesus ist ja jetzt hier«, sagte Zachäus und strahlt dabei über das ganze Gesicht. »Ich will alles wieder gut machen, was ich falsch gemacht habe. Die Hälfte meines Geldes werde ich den Armen geben. Und wem ich zu viel abgenommen habe, der soll es zurückbekommen und noch etwas dazu.«

Da nahm Jesus Zachäus an der Hand und sagte: »Heute ist ein Glückstag für dich und deine ganze Familie. Weil auch du – wie alle anderen hier in Jericho – ein Kind Gottes bist, habe ich dich besucht.

Ich bin gekommen, zu suchen und selig zu machen, was verloren ist.«

22 Jesu Einzug in Jerusalem
Lukas 18-19

Nahe bei Jerusalem lebten Sarah und Nathan. Eines abends erzählte der Vater: »Heute habe ich gesehen, wie der römische Statthalter Pontius Pilatus mit seinen Soldaten nach Jerusalem einmarschierte. Alle, die dabei waren, ergriff Angst und Furcht. Pontius Pilatus will während des Passah-Festes selbst für Ruhe und Ordnung sorgen«.

»Erzähl mehr!«, drängelte Nathan. »Ich habe noch nie einen römischen Statthalter gesehen.« »Heute morgen«, fuhr der Vater fort, »war die Stadt voller Gäste aus aller Welt, die das Fest in Jerusalem feiern wollen. Ich stand gerade auf dem Marktplatz, als ich ein bedrohliches Geräusch hörte. ›Dumm, Dumm, Dummdummdumm …‹ Ich konnte mir nicht erklären, was das für Geräusch war, aber es klang bedrohlich. Einer meinte schließlich, dass es Trommelschläge seien, die römische Soldaten zum Marschieren anfeuerten.

Aber es ist Frieden. Was wollen römische Soldaten in Jerusalem? Doch während wir noch diskutierten, kam Bewegung in die Menschenmenge. Alle begannen, wild durcheinander zu rennen. Dann sah ich die ersten Soldaten. Drohend hielten sie Speere und Lanzen in den Händen, bereit auf jeden einzuschlagen, der ihnen nicht schnell genug Platz machte. Dann kamen die Trommler. Ich bin ja nicht sonderlich ängstlich«, meinte der Vater, »aber die Schläge der Trommeln, das Dröhnen der Soldatenstiefel und das Klirren der Waffen war so bedrohlich, dass ich eine Gänsehaut nach der anderen bekommen habe.« »Und was geschah dann?«, wollte Sarah, Nathans Schwester, wissen.

»Dann kamen die römischen Offiziere in ihren bunten Uniformen auf edlen Pferden. Und in ihrer Mitte auf einem ganz weißen Pferd ritt Pontius Pilatus, der römische Statt-

halter. Er machte ein grimmiges Gesicht. Einige der Zuschauer riefen ›Heil Dir, Pilatus!‹ Aber er würdigte sie keines Blickes und starrte nur geradeaus. Man merkte deutlich, dass er mit den Menschen nichts zu tun haben wollte.«
»Dann hast du ja heute in der Stadt viel erlebt«, meinte Onkel Tobias. »Aber denk nur nicht, hier bei uns sei es langweilig gewesen:

Als du nach Jerusalem aufgebrochen bist, haben Nathan und ich unseren Esel und das kleine Eselchen aus dem Stall gelassen, und Sarah hat die beiden draußen angebunden. Ich wollte gerade Hafer in die Krippe schütten, da sehe ich zwei Männer, die das Eselchen losbinden wollen. Ich renne raus und frage: ›Warum bindet ihr unser Eselchen los?‹ Wisst ihr, was die geantwortet haben? ›Der Herr bedarf seiner!‹ sonst nichts. Nur: ›Der Herr bedarf seiner!‹

Nun ja, habe ich gedacht, sei vorsichtig, Tobias! Da ich nicht unnötig Streit mit irgendeinem hohen Herrn anfangen wollte, habe ich nichts weiter gesagt, sondern bin hinter den beiden hergegangen, um zu sehen, was sie mit dem Eselchen vorhatten. Vielleicht wollten sie es ja kaufen und erst bezahlen, wenn ihr Herr es gesehen hatte?

Aber es kam alles ganz anders. Vor dem Dorf stand eine große Menschenmenge. Ich bin hingegangen und habe gefragt, was los sei. ›Weißt du nicht, dass Jesus heute von Jericho nach Jerusalem kommt?‹, lautete die Antwort. ›Ja und‹, habe ich gesagt, ›was ist das Besondere daran?‹ Da meinte ein anderer: ›Das weißt du nicht? Wir hoffen, dass Jesus Gottes Friedenskönig ist, der nach Jerusalem kommen soll. Deshalb haben wir das Eselchen geholt. Auf ihm soll Jesus in Jerusalem einreiten, und wir wollen mit ihm in die Stadt ziehen.‹«

»Was ist ein Friedenskönig?«, wollte Sarah jetzt wissen. »Die Menschen hier bei uns und überall in der Welt«, antwortete der Vater, »hoffen schon lange auf einen König, der wirklich Frieden bringt. Der wird nicht mit Soldaten und Waffen kommen, um die Menschen zu unterdrücken und Ruhe und Ordnung mit Gewalt durchzusetzen, wie Pontius Pilatus das versucht.

Der Prophet Sacharja hat Gottes Friedenskönig vor langer, langer Zeit angekündigt. In seinem Buch steht: ›Jerusalem singe und freue dich! Siehe, dein König kommt zu dir. Er ist ein Gerechter und ein Helfer. Er ist arm und reitet auf einem Eselchen.‹«

»Ein König, der arm ist und auf einem Eselchen reitet, ist das denn ein richtiger König?«, wandte da Nathan ein. »Ich stelle mir Gottes König so vor wie diesen Pontius Pilatus, mit vielen Soldaten, der in einer schimmernden Rüstung auf einem edlen Pferd reitet.«

»Von so einem haben wir einfache Leute nichts zu erwarten!«, meinte da die Mutter: »Die Menschen hoffen, dass der Friedenskönig einer von ihnen ist, der ihre Sorgen und Nöte kennt, der nicht in Reichtum lebt, wenn alle hungern müssen. Deshalb wird er auch nicht auf einem Kriegsross reiten, sondern wie arme Leute auf einem Eselchen.« »Ist Jesus wirklich Gottes Friedenskönig?«, fragte Sarah. »Ich kann nur erzählen, was dann geschehen ist«, fuhr Onkel Tobias fort.

»Als wir eine kurze Weile gewartet hatten, kam Jesus mit seinen Jüngern den Berg herauf. Die Menschen waren ganz aufgeregt. Viele erwarteten, dass jetzt eine neue Zeit mit Gottes Friedenskönig beginnt. Deshalb begannen sie Lieder zu singen, andere warfen Blumen auf den Weg und Palmenzweige, die sie mitgebracht hatten.«

»Und was hat Jesus gemacht?«, wollte Nathan wissen. »Er war ganz ruhig und nicht so aufgeregt, wie seine Freunde und all die Menschen um ihn herum«, berichtete Onkel Tobias weiter. »Seine Jünger hatten ihre Mäntel auf unser Eselchen geworfen und versuchten, Jesus darauf zu setzen. Das war sehr lustig. Selbst Jesus musste lachen, weil er beinahe wieder runter gefallen wäre und auf dem Eselchen hin und her rutschte.«

»Als ich draußen Gesang hörte«, begann Mutter, »bin ich mit den Nachbarn zur Straße gegangen. Wir kamen gerade dazu als Jesus vorbeiritt. Natürlich wollten alle wissen, was geschehen würde. Die Menschen waren voller Hoffnung, dass Jesus der Friedenskönig sei. Jetzt würde alles besser werden und Frieden im Lande sein.

Als wir dann vom Ölberg ins Tal und wieder hinauf in die Stadt gezogen sind, haben wir für Jesus das alte Königslied gesungen: ›*Gelobt sei, der da kommt, der König im Namen Gottes, Friede im Himmel und Ehre bei Gott in der Höhe*‹.

Überall freuten sich die Menschen, waren fröhlich, sangen, lachten und warfen Blumen und Palmzweige auf die Straße, um Jesus zu begrüßen. Jesus war sehr freundlich zu den Menschen, hielt oft an und sprach mit vielen, die am Wege standen. Das alles war wie ein großes und wunderschönes Fest.«

»Bringt Jesus den Frieden, auf den alle Menschen warten?«, wollten Sarah und Tobias wissen. »Ich hoffen es, und wir glauben fest an ihn! Gott hat ihn gesandt«, antwortete die Mutter.

23 Die Verleugnung des Petrus
Lukas 22

In Jerusalem erregte Jesu Anwesenheit in den Tagen vor dem Passah-Fest großes Aufsehen. Die Menschen hörten ihm gern zu, wenn er von Gott, dem Vater im Himmel, erzählte. Doch die Hohenpriester und Schriftgelehrten des Tempels sahen in Jesus eine große Gefahr. Das Schlimmste war für sie, dass er sich anmaßte, die Gesetze des Mose neu auszulegen. Da gab es nur eins, er musste zum Schweigen gebracht werden.

Da erhielten sie unerwartet Hilfe. Der Teufel musste in Judas gefahren sein. Anders ist nicht zu erklären, warum er sich heimlich zu Jesu Feinden schlich, um ihn an sie zu verraten.

Als Jesus und seine Jünger am Abend nach dem Mahl zusammen saßen, sagte er: »Der Verräter sitzt mit mir am Tisch!« Fassungslos hörten alle diese Worte. Als sich die erste Aufregung gelegt hatte, überlegten sie, wer es sein könnte. Aber je länger sie redeten, um so mehr stritten sie sich, wer unter ihnen der standhafteste Anhänger Jesu wäre, wer sein bester Freund, sein treuester Mitstreiter sei.

Petrus genügte das alles nicht. Deshalb sagte er zu Jesus: »Herr, ich werde dich nie verlassen. Ich bin bereit, mit dir ins Gefängnis und in den Tod zu gehen.« Lange blickte Jesus Petrus an, dann antwortete er: »Petrus, ich sage dir: Der Hahn wird morgen früh nicht krähen, ehe du dreimal geleugnet hast, dass du mich kennst.«

Spät am Abend ging Jesus mit seinen Jüngern in den Garten Gethsemane. Da kam plötzlich Judas mit einer Schar Soldaten. Judas ging auf Jesus zu, als wollte er ihm einen freundschaftlichen Kuss geben. Doch Jesus sah ihm in die Augen und fragte: »Judas, willst du mich mit einem Kuss verraten?«

Als die anderen Jünger begriffen, dass die Soldaten Jesus gefangen nehmen wollten, riefen sie: »Herr sollen wir mit dem Schwert dreinschlagen?« Aber Jesus schüttelte den Kopf und verbot ihnen, Gewalt anzuwenden. Die Soldaten fesselten Jesus und schleppten ihn in das Haus des Hohenpriesters. Aus Furcht, dass auch sie verhaftet würden, rannten alle Jünger davon.

Nur Petrus versuchte, aus sicherer Entfernung zu beobachten, was geschah. Als die Soldaten Jesus in das Haus des Hohenpriesters gebracht hatten, schlich er sich vorsichtig näher. Vielleicht bot sich eine Gelegenheit, etwas für Jesus zu tun?

Über eine kleine Mauer konnte er alles gut übersehen. Knechte und Mägde hatten ein Feuer angezündet, um sich daran zu wärmen. Petrus nahm all seinen Mut zusammen, und als ob er dazugehörte, ging er in den Hof und setzte sich mitten unter die Leute, die um das Feuer saßen. Wenn er sein Gesicht im Schatten halten würde, konnte ihn keiner erkennen. Er aber hätte die Chance, zu hören, was sich die Leute des Hohenpriesters erzählten. So konnte er vielleicht herausfinden, was mit Jesus geschah.

Aber kaum hatte er sich hingesetzt, da kam eine Magd und sah ihn neugierig von allen Seiten an. »Dieser gehört nicht zu uns, sondern war auch bei diesem Jesus«, rief sie und zeigte auf Petrus. Der war zu Tode erschrocken und wusste nicht, wie er sich verhalten sollte. Weglaufen hatte keinen Sinn. Er würde nicht weit kommen. Was sollte er sagen? Ohne zu überlegen, antwortete er: »Frau, ich kenne ihn nicht.« Als die Magd dabei blieb und ihre Anschuldigung wiederholte, meinte einer der Knechte unwirsch: »Weibergeschwätz. Lass es gut sein. Wenn er sagt, er kennt ihn nicht, dann kennt er ihn nicht. Keiner von denen würde es wagen, hierher zu kommen.«

Die Gefahr schien überstanden. Aber bevor Petrus sich noch richtig besinnen konnte, sagte ein anderer: »Du kannst uns erzählen, was du willst. Ich glaube, du bist doch einer von denen, die diesem Jesus nachgelaufen sind.« Petrus saß der Schreck noch in den Gliedern, und er bekam riesige Angst. Was würden sie mit ihm machen, wenn sie entdeckten, dass er einer der besten Freunde von Jesus war, der mit ihm durch dick und dünn gehen wollte. Nein, sie durften es nicht herausfinden. Wem sollte das nützen, wenn auch er verhaftet würde? Dann wäre niemand mehr da, der sich um Jesus kümmern könnte. Deshalb tat er so, als sei er beleidigt, weil man ihn schon wieder mit diesem Jesus in Verbindung wollte. »Mensch«, antwortete er unwirsch, »wie oft soll ich noch wiederholen, ich bin's nicht«.

Die Leute am Feuer hatten andere Sorgen und waren auch den Streit um Petrus schon überdrüssig. Deshalb ließen sie ihn erst einmal in Ruhe. Sie interessierten sich vielmehr dafür, was mit Jesus geschehen würde. »Er wird gesteinigt, weil er Gott gelästert hat«, meinten die einen. Andere glaubten, dass er an die Römer ausgeliefert würde, denn er hat einen Aufstand geplant. »Die schlagen ihn ans Kreuz, da hat er keine Chance, lebend davon zu kommen.«

Petrus hörte das alles und seine Angst war riesengroß. Wenn er doch Jesus helfen könnte! Hoffentlich kam er hier wieder heil heraus. Es war doch wohl ein bisschen leichtsinnig gewesen, sich in die Höhle des Löwen zu wagen. Um nicht aufzufallen, tat er so, als wisse er gar nicht, was vorgefallen war und ließ sich alles noch einmal von denen erzählen, die neben ihm am Feuer saßen.

Da sagte plötzlich ein anderer: »Das ist ganz sicher, dieser da« – und dabei zeigte er auf Petrus – »der war auch mit diesem Jesus. Man hört es doch seiner Sprache an, er ist aus Galiläa. Dort laufen sie doch alle diesem Jesus nach. Warum sollte der eine Ausnahme sein.« Petrus, dem es schon zweimal gelungen war, seinen Kopf aus der Schlinge zu ziehen, versuchte es auch diesmal auf die gleiche Weise. Verächtlich sah er sein Gegenüber an und sagte: »Mensch, ich weiß wirklich nicht, was du da für Sachen erzählst.«

In diesem Moment hörte Petrus den Hahn krähen, der mit seinem Geschrei den neuen Tag ankündigte. Als er sich erschrocken umdrehte, sah er plötzlich Jesus, den die Soldaten in diesem Augenblick über den Hof führten. Lange blickte Jesus Petrus traurig an. Da erinnerte sich Petrus an das Gespräch am Abend zuvor, wo er großspurig behauptet hatte, Jesus nie zu verlassen, sondern mit ihm ins Gefängnis, ja in den Tod zu gehen. Und jetzt war Jesu Wort wahr geworden: Als der Hahn krähte, hatte Petrus schon dreimal abgestritten, Jesus überhaupt zu kennen.

Was hatte er nur getan? Warum hatte er Jesus verleugnet, obwohl er immer zu ihm halten wollte? Petrus wusste nicht mehr ein noch aus. Er rannte hinaus und weinte bitterlich.

24 Die Emmausjünger
Lukas 24

Noch immer konnten sie nicht begreifen, was geschehen war. Petrus, Johannes, Jakobus und die anderen Jünger Jesu versammelten sich heimlich im Haus des Philippus. Die Türen waren verriegelt. Furcht und Angst saß allen im Nacken. Römische Soldaten hatten Jesus gefangen genommen und Pontius Pilatus hatte ihn zum Tode verurteilt und ans Kreuz schlagen lassen. Die meisten Freunde Jesu waren heimlich aus Jerusalem geflohen. Nur seine Jünger waren geblieben. Aber auch sie trauten sich kaum aus dem Haus und versteckten sich so gut es nur ging. So saßen die Jünger spät am Abend zusammen, lasen gemeinsam in der Bibel und versuchten, sich gegenseitig Mut zu machen. Da pochte es plötzlich an die Haustür. Der Schreck fuhr ihnen in die Glieder. Wer konnte das sein? Sollte sie jemand an die römischen Soldaten verraten haben? Keiner sagte ein Wort, keiner wagte, die Tür zu öffnen. Da pochte es schon wieder und nun hörten sie auch Stimmen, die von draußen riefen: »Habt keine Angst, wir sind es, Kleophas und Simeon. Macht auf, wir haben etwas Unglaubliches erlebt. Das müssen wir euch unbedingt erzählen.«

Johannes und den anderen fiel ein Stein vom Herzen. Vorsichtig öffneten sie die Tür. Atemlos stürzten Kleophas und Simeon in den Raum: »Wir haben Jesus gesehen!«, sprudelte es aus Kleophas. »Wirklich, wir haben Jesus gesehen.« »Langsam!, Langsam!«, versuchte Johannes die beiden zu beruhigen. »Das ist doch nicht möglich! Wir wissen doch alle, dass Jesus am Kreuz gestorben ist.«

Simeon konnte vor Aufregung kaum einen Satz herausbringen: »Er war wirklich bei uns und hat das Abendmahl mit uns gefeiert! Da konnten wir einfach nicht länger zu

Hause herum sitzen. Wir sind zu euch nach Jerusalem gerannt, um zu erzählen, was wir erlebt haben«.

»Heute, nach der größten Mittagshitze«, begann Kleophas, »sind Simeon und ich in Jerusalem aufgebrochen und haben uns auf den Rückweg nach Emmaus gemacht. Und während wir so unseres Weges zogen, ging uns alles, was wir in den letzten Tagen erlebt haben, noch einmal durch den Kopf. Wir unterhielten uns darüber, was jetzt geschehen würde und wie es nach Jesu Tod weitergehen sollte. Wir hatten allen Mut verloren und wussten weder aus noch ein.«

»Während wir so miteinander sprachen«, fuhr Kleophas fort, »trafen wir einen Fremden. Der war wohl froh, uns begleiten zu können. So musste er den Weg nicht allein gehen. Simeon und ich haben uns zunächst nicht um ihn gekümmert, sondern eifrig weiter diskutiert. Dann aber hat sich der Fremde in das Gespräch eingemischt. Er wollte wissen, worüber wir so heftig stritten. ›Gibt es denn wirklich Menschen, die nicht mitbekommen haben, was in Jerusalem geschehen ist?‹, habe ich gedacht und konnte es nicht fassen. ›Du bist wohl der Einzige unter den Fremden, der nicht weiß, was geschehen ist?‹ habe ich ihn unwirsch angefahren. Aber er ist ganz ruhig geblieben und fragte nur: ›Was denn? Was ist denn geschehen?‹ ›Hast Du wirklich noch nie etwas von Jesus von Nazareth gehört?‹, fragte Simeon daraufhin den Fremden. Als dieser nicht antwortete, erklärte er ihm: ›Jesus war ein großer Prophet. Er vollbrachte Aufsehen erregende Taten, heilte Kranke, sättigte die Hungrigen und öffnete den Blinden die Augen.

Wenn Jesus von Gott erzählte, hörten ihm alle gespannt zu. Aber den Hohenpriestern war er ein Dorn im Auge. Deshalb haben sie ihn zum Tode verurteilt und von den Römern kreuzigen lassen. Wir hatten gehofft, Jesus wäre der Messias, der Friedenskönig, der kommen soll, um Israel zu befreien. Aber all unsere Träume sind durch seinen Tod enttäuscht worden. Es gibt keine Hoffnung mehr, dass die Dinge sich zum Besseren wenden. Heute ist schon der dritte Tag nach seinem Tod.‹«

»Und ich«, sagte Simeon, »habe dem Fremden von unserem Schrecken erzählt, als die Frauen heute morgen berichteten, Jesu Grab sei leer. Sie behaupten, ein Engel habe ihnen gesagt: ›Jesus lebt!‹ Auf diese Nachricht hin sind einige von uns zum Grab gelaufen. Es war wirklich leer. Aber Jesus haben sie nirgends gesehen.« »Und dann geschah etwas ganz Erstaunliches«, setzte Kleophas den Bericht fort. »Der Fremde meinte, wir wüssten wohl sehr wenig von Gottes Friedenskönig. Wir sollten doch lesen, was die Propheten geschrieben haben. Dann könnten wir verstehen, warum Gottes Friedenskönig leiden musste. Und der begann, uns zu erklären, was die Bibel von Mose bis zu den Propheten über den Messias sagt.«

»Inzwischen war es Abend geworden«, berichtete Simeon, »und wir waren fast in Emmaus angekommen. An der Weggabelung mussten wir zum Dorf abbiegen. Ich dachte, der Fremde wollte sich dort von uns verabschieden und seines Weges gehen. Aber wir hatten so viel miteinander besprochen, so viele Gedanken ausgetauscht, dass ich ihn einladen wollte und zu ihm sagte: ›Herr, bleibe bei uns, denn es will Abend werden, und der Tag hat sich geneigt.‹

Und wirklich, der Fremde nahm die Einladung an und kam mit uns. Wir sind arme Leute und entsprechend war das Abendessen. Brot und Wein, mehr hatten wir nicht. Draußen vor dem Haus setzten wir uns unter dem alten Weinstock um den Tisch. Wie selbstverständlich nahm da der Fremde das Brot, dankte Gott, brach es in Stücke und gab jedem von uns davon.«

»Da fiel es uns wie Schuppen von den Augen«, sagte Simeon, »und wir wussten, es ist Jesus. Er lebt, er ist bei uns. Er feiert mit uns das Abendmahl, wie er es am Passah-Fest mit uns gefeiert hat. Er war es, der uns auf dem Weg die Bibel erklärt und gezeigt hat, dass Gottes Friedenskönig leiden muss. Jesus ist der Friedenskönig, er ist der Messias, der Christus Gottes. Ich habe noch alle seine Worte in den Ohren und nur zu gern hätte ich ihm noch tausend Fragen gestellt und seine Antworten gehört. Aber wir konnten ihn nicht halten. So wie er wunderbar gekommen war, so verschwand er auch wieder. Doch wir wussten jetzt, dass er bei uns ist, wenn wir die Bibel studieren und auslegen. Er ist bei uns, wenn wir das Brot brechen und das Abendmahl feiern.

Dann können wir ihn erkennen und wissen, dass er lebt, dass er für uns lebt.«

»Ihr versteht sicher«, fuhr nun Kleophas fort, »dass wir es nach allem, was wir an diesem Tag erlebt haben, zu Hause nicht mehr aushalten konnten. Wir sind losgelaufen, zurück zu euch nach Jerusalem, um zu berichten, was geschehen ist und was wir verstanden haben. Jesus lebt, er ist der Christus, er geht mit uns auf unseren Wegen, er ist bei uns, wenn wir das Abendmahl feiern.« »Ja«, sagte da Johannes: »So ist es. Der HERR ist wahrhaftig auferstanden. Auch Simon Petrus ist er erschienen.«

25 Pfingsten – Geburtstag der Kirche
Apostelgeschichte 2

Der Evangelist Lukas erzählt, wie das Pfingstfest für die ersten Christen einen ganz neuen Sinn bekam.

Fünfzig Tage nach dem Passah-Fest werden in Palästina die ersten Früchte, besonders aber Weintrauben geerntet. Deshalb feierten die Menschen ein Erntefest, das sie »Pfingsten« nannten, was in griechischer Sprache »der fünfzigste Tag« heißt.

Zum diesem Erntefest kam nicht nur die ganze Familie mit Mägden und Knechten zusammen, sondern auch die Fremden, die in der Stadt lebten, wurden zum Festessen eingeladen. Ganz besonders beliebt war der neue junge Wein, den die Leute bei diesem Fest tranken und der viele ganz lustig machte. Musikkapellen spielten, die Leute tanzten ausgelassen auf den Straßen und sangen fröhliche Lieder. So dankten sie Gott für alles Gute, das er ihnen gegeben hatte.

Doch den Jüngern Jesu war an diesem Pfingstfest nicht zum Feiern zu Mute. Römische Soldaten hatten Jesus gefangen genommen und ans Kreuz geschlagen. Dort war er gestorben und seine Jünger und Freunde waren voller Furcht davongelaufen. Sie versteckten sich, so gut es ging, und nach allem, was sie erlebt hatten, saß ihnen die Angst im Nacken. Sie fürchteten nicht nur die römischen Soldaten, die jeden ins Gefängnis warfen, den sie für einen Aufrührer hielten. Es gab auch noch andere Feinde. Die verfolgten die Jünger, weil sie Jesu Freunde und Boten waren.

Auch zum Pfingstfest kamen die Jünger Jesu wie an jedem anderen Tag zusammen, um gemeinsam zu beten und in der Bibel zu lesen, weil sie hofften, dort Hoffnung und Trost zu finden. Nach Feiern und Fröhlichsein war ihnen nicht zu Mute. Doch dann, als sie so zusammen saßen, geschah etwas

Unglaubliches. Die, die dabei gewesen waren oder von dem Geschehen gehört hatten, erzählten es später dem Evangelisten Lukas, der alles aufschrieb. Während auf den Straßen die Menschen fröhlich feierten und Lärm machten, war es wie immer, wenn sich die Jünger trafen, sehr still im Haus. Die meisten wagten nur zu flüstern. Sie hatten Angst, sich zu verraten und fürchteten sich.

Doch plötzlich war es, als sei ein Sturm ausgebrochen. Alle redeten laut durcheinander, jeder wollte dem anderen sagen, was er dachte, erzählen was er entdeckt hatte, was ihm plötzlich klar und deutlich vor Augen stand. Es war, als sei ein Feuer in ihnen entbrannt, ein Funke von einem zum anderen gesprungen, der sie mit Freude und Zuversicht erfüllte. Wie weggeblasen waren Verzagtheit und Furcht. Sie alle erfüllte ein neuer Geist, und alle meinten durch und durch zu spüren, dass Jesus bei ihnen war, sie mit neuer Hoffnung und Zuversicht erfüllte. Das ganze Haus war von einem Brausen erfüllt, als wäre ein Sturm ausgebrochen.

Die Jünger, die sich eben noch mutlos versteckt hatten, waren wie verwandelt. Sie hatten all ihre Angst und Furcht verloren. Keiner konnte so richtig erklären, was geschehen war. Manche meinten, der Heilige Geist habe sie erfasst und ihnen neuen Mut gegeben. Anderen war es, als sähen sie Feuerflammen über den Köpfen der Jünger. So erfüllt waren diese von der großen Freude, die sie alle erfasst hatte. Sie stürmten aus dem Haus mitten in die feiernde Menge auf die Straßen der Stadt und begannen, den Menschen zu erzählen, was sie erlebt hatten. Und jeder, der den Jüngern zuhörte, spürte, dass sie begeistert, ja, Feuer und Flamme waren. Sie waren durch den Heiligen Geist zu Jesu Apostel, zu Jesu Sendboten geworden.

Alle konnten sie verstehen. Es war, als könnten die Apostel in allen denkbaren Sprachen reden und sich verständlich machen. Das war um so verwunderlicher, als aus aller Welt fromme Juden nach Jerusalem gekommen waren, um das Erntefest zu feiern. Und so viele Menschen, wie da zusammen kamen, so viele Sprachen wurden draußen auf der Straße gesprochen. Alle, die sahen und hörten, wie mutig und begeistert die Apostel redeten, waren erstaunt und verwundert. Woher nahmen sie nur den Mut, hier mitten im Festtrubel über die großen Taten Gottes zu sprechen? Immer mehr Menschen blieben stehen, um zu hören, was die Apostel zu sagen hatten.

Doch nicht alle waren einverstanden. »Müssen die mit ihrem frommen Geschwätz unser Fest stören?«, schimpften die. »Wir wollen feiern und fröhlich sein. Wir haben genug von ihrem Gerede, mit dem sie uns die ganze Stimmung verderben. Wahrscheinlich sind sie betrunken, haben zu viel süßen Wein in sich hineingeschüttet.« Das konnte Petrus nicht unwidersprochen hinnehmen. Er packte all seinen Mut zusammen, trat ganz allein vor die Menge und begann zu reden: »Liebe Leute, die ihr in Jerusalem wohnt, oder zum Fest von weither hierher gekommen seid, ich habe euch etwas Wichtiges zu sagen. Ich und meine Freunde sind nicht betrunken. Dazu ist es doch noch viel zu früh am Morgen. Wir sprechen aber mit großer Freude und zu euch, weil dieser Pfingsttag unser Leben völlig verändert hat. Als die römischen Soldaten Jesus von Nazareth ans Kreuz schlugen, sind wir aus Angst weggelaufen. Wir haben Jesus allein gelassen und uns versteckt. Wir waren verzweifelt, trauten uns kaum noch aus dem Haus. Doch jetzt stehen wir voller Mut und Zuversicht vor euch und bezeugen: Jesus von Nazareth, den die Menschen umgebracht haben, der ist mit uns. Gott hat ihn auferweckt und uns mit seinem Geist erfüllt. Deshalb haben wir keine Angst mehr, sondern uns erfüllen Mut und Zuversicht. Wir glauben fest daran: Gott hat Jesus Christus zum Retter der Welt gemacht.«

Viele Zuhörer ließen sich überzeugen und fragten Petrus und die anderen Apostel: »Ihr Männer, liebe Brüder, was sollen wir tun?« Petrus antwortete ihnen: »Kehrt um und lasst euch auf den Namen Jesu Christi zur Vergebung eurer Sünden taufen. Dann werdet auch ihr den Heiligen Geist empfangen.« Da ließen sich viele der Zuhörer taufen. Mehr als 3000 Menschen wurden damals zu Christen, erzählt Lukas in seiner Apostelgeschichte.

So entstand an diesem Pfingsttag die erste christliche Gemeinde in Jerusalem. Diese ersten Christen wuchsen zu einer engen Gemeinschaft zusammen. Gemeinsam hörten sie, was die Apostel ihnen von Jesus Christus erzählten. Gemeinsam beteten sie, und gemeinsam feierten sie das Abendmahl. In Erinnerung an diesen Anfang feiern die Christen noch heute jedes Jahr mit dem Pfingstfest den Geburtstag der Kirche.

26 Der Kämmerer aus dem Morgenland
Apostelgeschichte 8

»Nein!«, rief Lukas: »Ihr habt Jesus ganz falsch verstanden, wenn ihr ihn für euch allein haben wollt. Gott ist für alle Menschen.« Lukas dachte noch lange über den Streit nach. Wer gehörte eigentlich zur Gemeinde? Juden mochten nicht mit Griechen zusammen essen; Römer machten sich über Juden lustig; Reiche weigerten sich, mit Sklaven an einem Tisch zu sitzen. Wie konnte in der Gemeinde wieder Frieden einkehren? Da fiel ihm eine Geschichte ein, die er vor langer Zeit gehört hatte.

»Ja«, sagte sich Lukas, »diese Geschichte will ich ihnen erzählen. Dann werden sie vielleicht verstehen, dass uns der Geist Gottes zusammen führen will, auch wenn wir noch so verschieden sind: Kleine und Große, Inländer und Ausländer, Starke und Schwache – wir gehören alle zu Gott. Wie ging die Geschichte noch genau?« Lukas überlegte. Und dann begann er die Geschichte nieder zu schreiben:

Philippus war ein frommer Mann. Er glaubte an Gott und betete viel und wollte Gott mit seinem Leben dienen. Eines Tages beobachteten seine Freunde, wie Philippus mit strahlendem Gesicht und mit energischem Schritt wegging, ohne auch nur ein einziges Wort zu sagen. Da riefen sie: »Halleluja – Gelobt sei Gott! Philippus hat sicher einen wichtigen Auftrag vom Heiligen Geist bekommen.« Denn sie wussten, dass Philippus schon seit langem auf solch einen Auftrag von Gott wartete.

Philippus war ganz in sich versunken. Er befand sich auf dem Weg in die Wüste. So gut kam er im sandigen Boden mit seinen Sandalen nicht voran. Aber zielstrebig ging er immer weiter. Hier war er noch nie gewesen und er kannte auch niemanden. Aber plötzlich sah er eine prächtige Kutsche, die auf dem unebenen Sandboden nur ganz langsam voran kam. Philippus hörte, wie jemand auf der Kutsche laut in der Heiligen Schrift las. Da wusste er: Gott hat mich hierher geschickt. Der Mann, der so laut las, war ein Kämmerer aus dem Morgenland, ein Minister der Königin aus dem fernen Äthiopien.

Er hatte in Jerusalem gebetet und war jetzt auf der Heimreise nach Afrika. Sein Interesse, mehr von Gott zu erfahren, war so groß, dass der Minister sogar die fremde Sprache Hebräisch lernte, um selbst alles über Gott in den Heiligen Schriften lesen zu können. Jetzt war er auf dem Heimweg und noch ganz erfüllt vom Erlebnis des Passah-Festes in Jerusalem. Und so hatte er sich ganz in die Schriftrolle vertieft, die auf seinen Knien lag. So vertieft, dass er gar nicht merkte, wie ein Mann neben seinem Wagen herlief und ihn schon eine ganze Weile freudig und erwartungsvoll anstrahlte.

Philippus war ganz aufgeregt. Denn sollte es ihm gelingen, diesen Herrn für die Freudenbotschaft Jesu zu begeistern, dann würde der Minister daheim in Äthiopien vielen Afrikanern davon erzählen können. Mit einem Stoßgebet dankte er Gott und bat ihn noch darum, die richtigen Worte zu finden, als er sich auch schon sagen hörte: »Lieber Mann, werter Herr, verstehst du eigentlich, worum es da dem Propheten Jesaja geht, aus dem du gerade vorliest?«

Der Äthiopier schaute von seiner Schriftrolle auf und fragte sich, ob der Mann, der ihn gerade vom Wegesrand aus angesprochen hatte, Gedanken lesen konnte. Denn tatsächlich rätselte er schon eine ganze Weile über die Bedeutung der Worte des Propheten Jesajas nach. »Wie ein Schaf, das zum Schlachten geführt wird, und wie ein Lamm, das vor seinem Scherer verstummt, so tut er seinen Mund nicht auf. In seiner Erniedrigung wurde sein Urteil aufgehoben. Wer kann seine Nachkommen zählen?«

Der Mann aus Äthiopien fragte sich: »Was hat denn das mit mir und meinem Leben zu tun?« So kam ihm Philippus gerade recht. »Mein Bruder«, rief er Philippus zu, »wir kennen uns zwar nicht, aber vielleicht hat dich Gott geschickt.

Komm, steig auf meinen Wagen und lass mich wissen, was du zu sagen hast. Und vor allem: Was meinst du, von wem der Prophet Jesaja da spricht?«

Das ließ sich Philippus nicht ein zweites Mal sagen. Er sprang auf den Wagen und setzte sich neben den Minister. Sofort begann er, von Jesus zu erzählen und erklärte ihm, dass Gott alle Menschen als eine große Familie geschaffen hat.

Deshalb nahm Jesus Kinder in den Arm und segnet sie und ließ die Menschen, die ihm begegneten, spüren: Auch ihr seid Kinder, die Gott liebt. Aber dann wurde Jesus von denen, die nur an sich denken und anderen weh tun, getötet. War nun alles vorbei? Nein, Gott hat Jesus nicht bei den Toten gelassen, um allen Menschen zu zeigen: Euch ist das Leben geschenkt, egal wo ihr herkommt, aus Asien, Afrika oder Europa.

Der Minister war ganz überwältigt von dem, was ihm Philippus erzählt hatte. Er sah auf einmal ganz klar, was Gott von ihm wollte. Und er beschloss, Gott mit seinem ganzen Leben zu dienen, sozusagen mit Haut und Haar. Als sie wenig später an einem kleinen Fluss vorbeikamen, bat er Philippus, ihn zu taufen. Die Taufe sollte ihn immer daran erinnern, dass Gott ihm sein Leben geschenkt hatte. Im Beruf, zu Hause, am Feiertag und im Alltag, an jedem Tag und an jedem Ort würde er ab jetzt alle spüren lassen: Du bist meine Schwester, du bist mein Bruder, denn Gott hat uns zu *einer* Familie gemacht. Daran dachte er ganz fest, als Philippus dreimal Wasser über ihn schüttete. Als er danach zu seiner Kutsche emporstieg, dankte er Gott für diese glückliche Begegnung.

Als der Minister aus Äthiopien Philippus danken wollte, konnte er ihn nirgends mehr sehen. »Nun ja«, sagte er sich, »Gott hat ihn sicher eiligst zu anderen Leuten geschickt, um auch ihnen die Frohe Botschaft von Jesus zu sagen. Seinen Auftrag bei mir hat er ja erfüllt.« So fuhr er weiter Richtung Süden tiefer und tiefer in die Wüste hinein. Bis Äthiopien hatte er noch eine weite Reise vor sich. Das störte ihn aber gar nicht. Voller Freude begann er ein Lied in afrikanische Sprache zu singen:

»Da na se, da na ase, da Onyame ase. Efri se, oye, nanado, do so oh oh. Da na se, da na ase, da Onyame ase.«

»Ich brauche eine Übersetzung, um das Lied mit allen Menschen zu singen«, dachte der Minister. Gott freute sich über diesen Wunsch und gab ihm seinen Geist. Als der Mann aus Äthiopien das Lied noch einmal sang, erklang es in allen Sprachen dieser Welt:

»Dank sei Gott, denn er ist gut. Dank sei Gott, dem Herrn. Er ist gut zu dir. Er ist gut zu dir und mir. Dank sei Gott, denn er ist gut. Dank sei Gott dem Herrn.«

27 Die Bekehrung des Saulus
Apostelgeschichte 9

Die Christen in Antiochien hatten den Evangelisten Lukas eingeladen, ihnen von seinem neuen Buch der »Apostelgeschichte«, zu erzählen. Besonders interessierten sich die Menschen dafür, wie es zur Bekehrung des Paulus gekommen war. Allen schien es ein unglaubliches Wunder, dass einer der schlimmsten Feinde der christlichen Gemeinden zum Apostel, zu einem Sendboten Jesu Christi geworden war.

»Nachdem die Jünger ihre Angst vor Verfolgungen durch den Heiligen Geist verloren hatten und zu mutigen Sendboten Jesu, zu Aposteln geworden waren«, begann Lukas, »kamen in Jerusalem viele Menschen in die christliche Gemeinde. Aber es gab auch Gegner, die gar nicht mit der Predigt der Apostel einverstanden waren. Sie begannen, die christliche Gemeinde zu verfolgen und zu bekämpfen. Das war eine schwere Zeit. Was mit Stephanus geschah, ist dafür ein schreckliches Beispiel. Als er seinen Glauben an Jesus Christus bekannte, kam es zum Streit, und seine Gegner beschlossen, ihn zu ermorden. Sie klagten ihn mit falschen Zeugen an und steinigten ihn vor der Stadt.«

»Leute aus Jerusalem haben mir erzählt«, erklärte Lukas seinen Zuhörern, »Saulus, ein junger Mann aus Tarsus, sei Zeuge dieses Mordes gewesen. Er gehörte zu den schlimmsten Gegnern der Christen und soll sich über den Tod des Stephanus riesig gefreut haben. Saulus durchsuchte damals mit seinen Helfern in Jerusalem Haus für Haus. Und wo immer er Christen fand, schleppte er Männer und Frauen fort und brachte sie ins Gefängnis. Vor ihm fürchtete sich die ganze christliche Gemeinde.«

»Leider habe ich keinen Augenzeugen gefunden«, setzte Lukas seinen Bericht fort, »der dabei war, als das geschah, wovon ich jetzt berichten möchte. Es ist wohl das Erstaunlichste, was ich je in meinem Leben gehört habe. Aus dem schlimmsten Verfolger der Christen – aus Saulus wurde Paulus, einer der eifrigsten Zeugen Jesu Christi. Viele haben mir erzählt, wie sich das ihrer Meinung nach zugetragen hat. Aber ich glaube, so richtig weiß es keiner, weil keiner von denen dabei war. Deshalb«, erklärte Lukas seinen Zuhörern, »will ich berichten, was ich bei meinen Nachforschungen herausgefunden habe:

Die Sache begann damit, dass irgend jemand Saulus von der christlichen Gemeinde in Damaskus erzählte. Die nannte sich ›Der neue Weg‹, weil sie durch Jesus einen neuen Weg zu Gott gefunden hatte. Das ärgerte Saulus ganz fürchterlich. Er hatte sich geschworen, am überlieferten Glauben seiner Väter festzuhalten und alle zu vernichten, die andere, neue Wege gehen wollten. Deshalb ließ er sich Polizeivollmachten ausstellen, die es ihm erlaubten, in Damaskus Jagd auf die Christen zu machen.

Was dann geschah,« erklärte Lukas, »muss man sich etwa so vorstellen: Mit fünf oder sechs schwer bewaffneten Soldaten reitet Saulus in Jerusalem los. Zunächst geht es über das Gebirge nordwärts bis zu den Abhängen des Berges Hermon, dessen Gipfel fast das ganze Jahr vom Schnee bedeckt ist. Danach beginnt im Osten die Wüste. Glühend heiße Winde treiben dort mächtige Staubwolken vor sich her, die die Sonne verdunkeln. Der feine Sand dringt durch alle Ritzen, Hitze und Durst peinigen die Männer. Sie kommen nur langsam vorwärts.

Da plötzlich umgibt sie gleißendes Licht. Die Männer halten erschreckt an, sehen, wie Saulus vom Pferd stürzt und abwehrend die Hände hebt. Sie hören eine Stimme, wie vom Himmel. Doch nur Saulus versteht – zu Tode erschrocken – die Worte: ›Saul,‹ sagt die Stimme, ›Saul, warum verfolgst du mich?‹ Stammelnd kommen Saul die Worte über die Lippen, als er zitternd vor Angst fragt: ›Herr, wer bist Du?‹ Die Antwort lässt Saul vor Schreck erstarren, als die Stimme sagt:

›Ich bin Jesus, den du verfolgst. Steh auf und geh in die Stadt; da wird man dir sagen, was du tun sollst.‹

Wenig später, als Saulus aufstehen wollte und versuchte, die Augen aufzumachen, merkte er, dass er nichts erkennen konnte. Er sah und verstand die Welt nicht mehr. Er war erblindet. Orientierungslos tappte er herum. Deshalb stützten ihn seine Soldaten, führten ihn an der Hand nach Damaskus und brachten ihn in eine Herberge. Dort saß er drei Tage allein in seinem Zimmer, sagte nichts, aß nichts, trank nichts, konnte nichts sehen.

Wie es weiterging, haben mir Christen aus der Gemeinde in Damaskus erzählt«, erklärte Lukas. Seine Zuhörer lauschten gespannt, denn die Bekehrung des Saulus, der die Christen so unerbittlich verfolgt hatte, war ein Wunder, das sie kaum fassen konnten.

»Die Nachricht: ›*Saulus kommt mit Soldaten aus Jerusalem, um Jagd auf Christen in Damaskus zu machen!*‹, verbreitete sich wie ein Lauffeuer in der Stadt. Viele Christen versuchten zu fliehen oder versteckten sich bei guten Freunden. Sie fürchteten um ihr Leben, denn alle hatten davon gehört, wie brutal Saulus die Christen in Jerusalem verfolgte.

Hananias war ein frommer Mann in Damaskus. Er betete täglich zu Jesus und bat ihn um Kraft und Stärke für die schlimme Zeit, die der Gemeinde bevorstand. Da hörte er im Gebet eine Stimme, und es war ihm, als wäre es Jesus, der seine Gebete erhört hatte und zu ihm sprach: ›Hananias!‹, hörte er die Stimme sagen, ›Hananias!‹. Und Hananias antwortete: ›Ja, Herr, hier bin ich!‹ Da sagte die Stimme zu ihm: ›Hananias, steh auf, geh in die Stadt, in die Straße‹ die ›*Die Gerade*‹ heißt. Und wenn Du dort angekommen bist, frage im Haus des Judas nach einem Mann mit Namen Saulus aus Tarsus. Der sitzt auf seinem Zimmer und betet. Er hatte eine Erscheinung. Jetzt wartet er auf dich. Lege ihm die Hände auf und segne ihn, damit er den heiligen Geist empfängt und wieder sehen kann.‹

Hananias erbleichte vor Schreck. ›Herr‹, sagte er, ›ich habe viel von diesem Mann gehört und was er deiner Gemeinde in Jerusalem Böses angetan hat. Jetzt ist er hier, alle zu vernichten, die an dich glauben.‹

Doch die Stimme«, erzählte Lukas weiter, »sagte zu Hananias: ›Fürchte dich nicht Hananias. Ich habe Saul ausgewählt. Er soll meinen Namen zu den Heiden tragen, zu Königen und Herrschern und auch zum ganzen Volk Israel.‹ Da ging Hananias in die Stadt und fand das Haus des Judas. Und sie brachten ihn zu Saulus, der seit drei Tagen in seinem Zimmer saß, nichts gegessen und getrunken hatte und nicht sehen konnte. Hananias nahm all seinen Mut zusammen, legte seine Hände auf den gefürchteten Mann und sagte: ›Lieber Bruder Saul, der Herr hat mich gesandt, Jesus, der dir auf dem Weg hierher erschienen ist, dass du wieder sehend und mit dem heiligen Geist erfüllt wirst.‹

Einen Augenblick war es ganz still im Zimmer. Dann öffnete Saulus seine Augen – und wirklich, er konnte wieder sehen. Hananias hatte ihm die Augen für Jesus Christus geöffnet. Darüber war Saulus so glücklich, dass er sich von Hananias auf den Namen Paulus taufen ließ. Von nun an sollte sein Leben Jesus Christus geweiht sein. Aus Saulus, der Jesus verfolgt hatte, war Paulus geworden, der die frohe Botschaft von Jesus Christus in alle Welt bringen wollte. Alle, die dabei waren, aßen, tranken und feierten zusammen das Abendmahl, um sich zu stärken.«

Mit diesen Worten beendete Lukas seinen Bericht. Wie Paulus als Apostel Jesu Christi in alle Welt zog, um das Evangelium zu verkünden, hat er in seiner *Apostelgeschichte* erzählt und aufgeschrieben.

Biblische Geschichten für die Hosentasche

Horst Heinemann (Hg.)
Die Hosentaschenbibel

Mit Bildern von Gabriele Hafermaas.
2004. 56 Seiten mit 26 Bildern,
Format 7,5 x 7,5 cm, Tyvek, geheftet
ISBN 3-525-60413-0

Wie kann man Kindern, die noch nicht lesen können, biblische Geschichten vermitteln? Wie muss ein Buch aussehen, das die kindliche Fantasie anregt? Diese Fragen haben den Herausgeber Horst Heinemann und die Illustratorin Gabriele Hafermaas veranlasst, eine kleine Bibel zu entwickeln, die Kinder wie einen kleinen Schatz gerne bei sich tragen. Das Ergebnis ist die Hosentaschenbibel, 26 Bilder zu biblischen Geschichten auf reiß- und wasserfestem Material in einem Format, das in die Hosen- und Jackentaschen von etwa drei- bis siebenjährigen Kindern passt. Die Bilder sollen Kinder zu der Frage motivieren: „Kannst du mir die Geschichte zu diesem Bild erzählen?"

Horst Heinemann
Kindern biblische Geschichten erzählen
Eine Anleitung

Dienst am Wort, Band 100.
2004. 198 Seiten, kartoniert
ISBN 3-525-59507-7

Erzählen kann man lernen! Das „Theoriebuch" zur Hosentaschenbibel will Eltern und alle Erwachsenen dazu befähigen, den Kindern wieder biblische Geschichten zu erzählen. Da man aber nur das interessant weitergeben kann, was man selbst interessant findet, werden die Geschichten der Hosentaschenbibel in diesem Buch einzeln vorgestellt und die Leser*innen* eingeladen, neue Zugänge zur biblischen Überlieferung zu finden. In sieben Schritten können sie sich auf ihre geplante Erzählung vorbereiten.

Vandenhoeck
& Ruprecht

Erzähl doch mal!

Horst Heinemann (Hg.)

Erzähl doch mal!

**Die Erzählbilder
zur Hosentaschenbibel**

Mit Bildern von Gabriele Hafermaas
und Texten von Horst Heinemann u.a.

Loseblattsammlung, 28 Bögen mit
Bildvorderseite und Textrückseite
sowie einem Einleitungsteil in einer
Mappe, Format DIN A3
ISBN 3-525-60414-9

Für das Erzählen in der Familie, im Kindergarten, im Kindergottesdienst und überall, wo Kindern biblische Geschichten erzählt werden, wurden die Erzählbilder zur Hosentaschenbibel als Begleitmedium entwickelt: Die Vorderseite zeigt den Kindern das Bild aus der Hosentaschenbibel im Großformat, auf der Rückseite ist die kindgerechte Erzählung zur Geschichte aufgeschrieben, so dass es zum Erzählen auf die Knie gestellt werden kann. Die Texte sind jedoch weniger zum Vorlesen gedacht, sondern wollen den Erzähler*innen* einen eigenen Zugang zur Geschichte eröffnen. Ist dieser gefunden, fällt es nicht schwer, die Geschichten für kleine oder große Zuhörer weiter zu erzählen.

Die Erzählschildkröte

Handpuppe. Folkmanis®
ISBN 3-525-60416-5

Auf jedem Bild der Hosentaschenbibel und des Erzählbuchs taucht eine kleine Schildkröte auf. Wie wäre es, die Handpuppe zu nehmen und einmal die Schildkröte erzählen zu lassen, was sie so erlebt hat?

V&R
Vandenhoeck
& Ruprecht